AF670953

Martin Rucl

Geschichte der Juden von Willstätt im Hanauerland

FSC
www.fsc.org
MIX
Papier aus verantwortungsvollen Quellen
Paper from responsible sources
FSC® C105338

Martin Ruch

Geschichte der Juden von Willstätt im Hanauerland

Abb. Umschlagvorderseite: Ansicht von Willstätt auf einer Willstätter Waldkarte, Anfang 17. Jahrhundert. Generallandesarchiv Karlsruhe, H Willstätt 8.

Abb. Umschlagrückseite: Matthäus Merian: Topographia Alsatiae. Frankfurt am Main 1643/44, S. 68.

© KulturAgentur Dr. Martin Ruch
Gestaltung: punktgenau GmbH, Bühl
Herstellung und Verlag: BoD – Books on Demand, Norderstedt, 2020
Printed in Germany
ISBN-13: 978-3-7519-5357-3

Dank des Herausgebers

Ich danke Carol S. Bruch, der Enkelin von Richard Willstätter, für ihr persönliches Vorwort. Mein Dank geht auch an den Verlag Chemie/Wiley für die freundliche Genehmigung zur Verwendung von Teilen aus Willstätters Lebensgeschichte. Dankbar bin ich wieder Regina Brischle und David Boomers vom Stadtarchiv Offenburg für die allzeit großzügige Hilfe bei der Recherche nach den Spuren Willstätter Juden in den Rats- und Contractenprotokollen der Stadt. Ich danke dem seitenweise Verlag für das kompetente und zielgerichtete Lektorat und dem Medienunternehmen punktgenau für das schöne Layout des kleinen Buches.

Dr. Martin Ruch

Inhaltsverzeichnis

Vorwort 9

Vorwort von Carol S. Bruch 10

Jüdische Gemeinden im Hanauerland 17

- Bodersweier 18
- Buchsweiler 18
- Alt- und Neufreistett 19
- Rheinbischofsheim 20
- Lichtenau 21
- Vom Leben der Juden im Hanauerland 22

Die Willstätter Juden 27

Willstätter Juden als Schutzjuden in Offenburg 45

Vertreibung aus Offenburg 1680 53

Eine Judentaufe 1724 in Willstätt 57

Jüdischer Viehhandel im 18. und 19. Jahrhundert 61

Weitere historische Belege 65

Prof. Dr. Richard Martin Willstätter (1872–1942) 67

Literatur 83

Anmerkungen 85

Vorwort

In keinem der einschlägigen Lexika tauchen sie auf, die Willstätter Juden. Weder in der Germania Judaica[1] noch bei Hundsnurscher/Taddey[2] sind sie erwähnt. Auch die ortsgeschichtlichen Darstellungen von Johannes Beinert[3], Wilhelm Schadt[4] oder Alfred Hetzel[5] wissen nichts von ihnen zu sagen. Lediglich Berthold Rosenthal hatte 1927 in seinem berühmten Werk „Heimatgeschichte der badischen Juden" in einem Nebensatz erwähnt, dass es „in den Orten Bodersweier, Rheinbischofsheim, Freistett, Lichtenau und Willstätt Juden gab"[6], aber zu Willstätt keine Belege dafür angeführt. Er wird wohl allein aus der Existenz des jüdischen Familiennamens „Willstätter", durchaus mit Recht, auf eine frühere Anwesenheit von Juden in Willstätt geschlossen haben.

Dabei hätte es eigentlich nahegelegen, Juden auch hier im hanau-lichtenbergischen Amtsstädtchen zu suchen und zu finden. 1337 hatte ja Ludwig der Bayer den Herren von Lichtenberg alle dem Reich zustehenden Einkünfte von den Juden in ihrem Gebiet verliehen, zu dem damals auch Buchsweiler im Elsass gehörte. Diese Verleihung wurde 1347 von

Karl IV. erneuert. Das Reich erlaubte der lokalen Herrschaft, Juden in ihrem Gebiet links und rechts des Rheins aufzunehmen. Damit wurde Lichtenberg auch ermächtigt, die gleichen Steuern wie das Reich von den Juden zu erheben, d. h. zehn Dukaten für jede Familie. Das Haus Lichtenberg wurde dabei aber auch verpflichtet, Synagogen zu erbauen und Rabbiner anzustellen.[7] So weiß man zum Beispiel, dass 1335 im elsässischen Neuweiler eine jüdische Gemeinde existierte, da in einem Dokument die Rede von einer „Judenschul" ist.

Vorwort von Carol S. Bruch*

Vor sieben Generationen war der Urgroßvater meines Großvaters Großvater Rabbiner Ephraim aus Willstätt. Als sein direkter Nachfahre ist es mir eine große Freude, den Beitrag von Herrn Dr. Ruch zur jüdischen und deutschen Geschichte Willstätts einzuleiten.

Rabbiner Ephraim zog 1720 von Willstätt nach Karlsruhe, auf der Suche nach Religionsfreiheit und Bürgerrechten, die ihm dort geboten wurden. Umsiedlungen wie diese, um die Lebenschancen zu ver-

* © Carol S. Bruch 2020. Distinguished Professor Emerita of Law, University of California, Davis; Dr.iur. h.c. der juristischen Fakultät der Universität Basel. U.a., Max-Rheinstein-Senior-Stipendium der Alexander von Humboldt-Stiftung mit Aufenthalten an den Universitäten München und Frankfurt; Westeuropäisches Fulbright-Stipendium an der Universität zu Köln und am Fitzwilliam College in Cambridge; Gastprofessur an der Universität Basel. Übersetzung des Vorworts von Dr. Martin Ruch.

bessern, sind in jüdischen Familien üblich. Tragischerweise gibt es aber oft auch Umzüge, um der Verfolgung zu entgehen. Die Familie meines Vaters zum Beispiel floh zur Zeit der Inquisition von Katalonien nach Holland und ließ sich später in Deutschland nieder. Und wieder viele Generationen später, in den 1930er Jahren, wirkten ähnliche Kräfte auf die Familien sowohl meines Vaters als auch meiner Mutter ein.

Der Vater meiner Mutter, Professor Dr. Richard Willstätter*, der in seiner Autobiographie sowohl seine Abstammung als auch seinen Familiennamen auf Willstätt zurückführt, war 1939 wegen seiner jüdischen Herkunft gezwungen, seine geliebte deutsche Heimat zu verlassen und in die Schweiz zu fliehen. Obwohl meine Eltern bereits drei Jahre zuvor in die Vereinigten Staaten von Amerika ausgewandert waren, nachdem ihnen die Ausübung ihrer Berufe (meines Vaters** in der Medizin und meiner

---

* Teile seiner Autobiographie „Aus Meinem Leben" erscheinen im Anhang zu diesem Werk. Unsere Familiengeschichte berichtet, dass Rabbiner Ephraims Sohn Elias, ebenfalls Rabbiner, das erste Familienmitglied war, das einen Nachnamen annahm: Willstätter, nach dem Ort, aus dem sein Vater stammte.

** Ernst (später Ernest) Bruch, Ph.D., M.D. (1905–1974), promovierte in Chemie bei Max Bürger, studierte dann Medizin und machte 1936 das Staatsexamen. Da er jedoch Jude war, beschlagnahmten die Braunhemden seine Medizintasche, und er kam für ein Praktikum nicht in Frage. Er und meine Mutter emigrierten 1936 in die Vereinigten Staaten und ließen sich nach seinem Praktikum schließlich in der kleinen Bauernschaft von Winnebago, Illinois, nieder. Mein Vater erlangte Privilegien im St. Anthony Hospital im nahe gelegenen Rockford, Illinois, und praktizierte bis zu seinem Tod in beiden Gemeinden als Arzt und diente auch als Direktor der nuklearmedizinischen Abteilung von St. Anthony, die er 1955 gründete.

Mutter* in der Physik) untersagt worden war, begriff er selbst erst nach der Kristallnacht und nach einem vereitelten Versuch, ihn nach Dachau ins KZ zu bringen, dass auch er nicht mehr sicher war.

Da die deutsche und die englische Ausgabe seiner Autobiographie** inzwischen vergriffen sind, freut es mich besonders, dass Herr Dr. Ruch großzügige Auszüge daraus hier in einem Anhang beigefügt hat. Sie spiegeln die Erfahrungen und Gedanken meines Großvaters als deutscher Jude wider, von der Kindheit über die Zeit der Verleihung des Nobelpreises bis hin zur Emigration. Dieses Buch stellt sicher, dass die Einzelheiten seines Lebens in der jüdischen Geschichte, nicht nur in der Wissenschaftsgeschichte, lebendig bleiben.

---

* Ida Doris Margarete (bekannt als Margarete) Willstätter Bruch, Ph.D. (1906–1964), promovierte Anfang 1931 in Physik bei Arnold Sommerfeld. Zwei Jahre lang forschte sie am Kaiser-Wilhelm-Institut für Physikalische Chemie und Elektrochemie in Berlin, aber da sie Jüdin war, wurde sie wegen der rassistischen Bestimmungen des Berufsbeamtengesetzes von 1933 entlassen. *(Lit.: Reinhard Rürup [unter Mitwirkung von Michael Schüring]: Schicksale und Karrieren. Gedenkbuch für die von den Nationalsozialisten aus der Kaiser-Wilhelm-Gesellschaft vertriebenen Forscherinnen und Forscher, Seiten 365–367 [(= Geschichte der Kaiser-Wilhelm-Gesellschaft im Nationalsozialismus. Band 14)]. Wallstein-Verlag, Göttingen 2008.)* Nach ihrer Emigration forschte sie an der Duke University und der University of Wisconsin–Madison, bevor sie sich in Winnebago, Illinois, niederließ, wo sie meinem Vater bei der analytischen Arbeit in seinem nuklearmedizinischen Labor half und ihre vier Kinder aufzog.

** Aus meinem Leben – Von Arbeit, Muße und Freunden, herausgegeben von A. Stoll, Verlag Chemie, Weinheim, 1949; 2. Aufl. 1958; *From My Life: The Memoirs of Richard Willstätter,* Übersetzung der 2. Auflage durch Lilli S. Hornig, Verlag Benjamin, New York, 1965; 2016 (Kindle-Ausgabe).

Bekanntlich erhielten die Juden nach dem Zweiten Weltkrieg die uneingeschränkte Staatsbürgerschaft in Deutschland und alle bürgerlichen Rechte und können ihren Glauben praktizieren. In weiten Teilen der Öffentlichkeit werden sie mit derselben Höflichkeit und gleichem Respekt behandelt wie andere Staatsbürger. So war es auch die Freundlichkeit deutscher Christen in Willstätt und Nürnberg, durch die Herr Dr. Ruch mich gefunden hat. Ingrid Hahn von Willstätt interessierte sich für das Leben und Wirken meines Großvaters und wollte zu seinem Gedenken eine Gedenktafel für Willstätts neues Rathaus schaffen. Sie wiederum fand uns über das Willstätter-Gymnasium in Nürnberg, das 1965 den Namen unseres Großvaters annahm, eine bemerkenswert symbolische Wahl gerade in jener Stadt, die so eng mit der Geschichte des Nationalsozialismus verbunden ist.

Im Jahr 2014 feierte diese Schule, die mein Großvater als Junge besucht hatte, ihr 150-jähriges Bestehen, und ich hatte die Ehre, bei diesem Ereignis eine Rede zu halten. Alle vier Enkelkinder Willstätters* kamen aus den Vereinigten Staaten, um zusammen mit unseren Kindern und Enkelkindern die Schule zu besuchen. Und im darauffolgenden Jahr konnte ich Willstätt besuchen, wo mich Bürgermeister Marco Steffens und sein Mitarbeiter Holger Hemler begrüßten. Leider war Frau Hahn 2011 verstorben, aber es war ihr historisch interessierter Ehemann

* Ludwig W. Bruch, Professor Emeritus of Physics, University of Wisconsin-Madison; Carol S. Bruch; Doris Bruch Dubielzig, Middle School Science Master Teacher (ret.), Madison, Wisconsin Public Schools; Richard F. Bruch, M.D., EmergeOrtho Medical Group (ret.), Durham, North Carolina.

Bernhard Hahn, der Herrn Dr. Ruch von dem erneuten Kontakt unserer Familie mit der Stadt berichtete. Diese Verbindungen bedeuten unserer Familie sehr viel. Mein älterer Bruder (Physikprofessor), meine Tochter (Historikerin)* und ich (Juraprofessorin) haben alle in Deutschland gelebt und geforscht, und die Geschichte und das Leben der Juden in Deutschland, wie auch in unserem Land, sind uns zutiefst wichtig.

In dem vorliegenden Buch stellt Herr Dr. Ruch historische Quellen zusammen, die uns Einblicke in das Leben Willstätter jüdischer Familien während des 17. Jahrhunderts geben. Er stellt diese Zeit in einen historischen Kontext mit Informationen über die frühen jüdischen Gemeinden der Region, über die Zerstörung Willstätts im Dreißigjährigen Krieg, die Flucht der Juden nach Offenburg, ihr unsicheres Leben in der Stadt und den Antisemitismus, der schließlich in ihrer Vertreibung aus Offenburg gipfelte. Die Details zeichnen ein Bild davon, wie die Juden in jenem Jahrhundert sowohl ihre eigenen Familien, als auch andere, die vom Unglück betroffen waren, unterstützten. Schließlich informiert das Buch in einem Nachtrag über die Lage für die Juden in der Region in den darauf folgenden Jahrhunderten und abschließend auch über meinen Großvater.

Es war mir übrigens eine besondere Freude, unter den jüdischen Händlern, die im 18. Jahrhundert nach Willstätt kamen, um hier Geschäfte zu machen,

* Margarete Myers Feinstein, Leitende Dozentin für Geschichte und Jüdische Studien, Loyola Marymount University, Los Angeles, Kalifornien. Ihr Ehemann ist Senior Rabbi Emeritus Morley T. Feinstein, University Synagogue, Los Angeles, Kalifornien.

mehrere Mitglieder der Familie Bodenheimer erwähnt zu finden. Denn nach unseren Familiendokumenten ist einer der Vorfahren meines Großvaters als junger Rabbiner bei seiner Bewerbung als Gemeinderabbiner einem Rabbiner Bodenheimer unterlegen. Viele Generationen später lernte ein junger deutscher Jurastudent, der später in die Familie Bodenheimer einheiraten sollte, meine Mutter kennen durch Ilse Sachs, eine gemeinsame Freundin, die 1936 auswanderte, um in Oxford zu forschen, da die Nationalsozialisten ihre beruflichen Pläne zerstört hatten. Zwanzig Jahre später, als mein älterer Bruder dort studierte, lernten sie sich kennen. Und wieder ein Jahrzehnt danach wurden die ehemalige Jurastudentin (jetzt Professorin Brigitte M. Bodenheimer) und ihr Ehemann Edgar, ein weiterer in Deutschland ausgebildeter Juraprofessor, meine leitenden Kollegen und Mentoren in Davis, Kalifornien.

Vielleicht finden auch andere Leser des Buches ähnliche persönliche Beziehungen wie ich und können so diese Einblicke in das Leben der Juden des 17. Jahrhunderts in Willstätt besonders schätzen.

Jüdische Gemeinden im Hanauerland

Bodersweier

Im rechtsrheinischen Bodersweier, das bis 1736 den Grafen von Hanau-Lichtenberg, dann bis zum Anfang des 19. Jahrhunderts zu Hessen-Darmstadt gehörte, bestand eine jüdische Gemeinde bis 1940. Ihre Entstehung geht in die Zeit des 18. Jahrhunderts zurück. Erstmals wurden 1755 Juden am Ort genannt.

Ehemalige Synagoge Bodersweier, 1812/13 erbaut, 1938 demoliert, 1951 abgebrochen. Aus: Hahn, Joachim: Synagogen in Baden-Württemberg, Abb. 12

Buchsweiler

Im linksrheinischen Land derer von Lichtenberg, in Buchsweiler, das 1301 als Stadt bezeichnet wurde, lebten bereits im Mittelalter jüdische Personen. Erste Nennungen liegen aus dem Jahr 1322 vor. Namentlich genannt wird ein Isaak von Buchsweiler 1334 in Straßburg (siehe Alemannia Judaica: Bouxwiller).

Eine aus dem 18. Jahrhundert stammende Synagoge wurde 1842 (oder 1844) durch einen Neubau ersetzt, in seinem Keller befand sich eine Mikwe, ein Ritualbad. Unter den Herren von Hanau-Lichtenberg, die Buchsweiler zeitweise zu ihrer Residenz gemacht hatten, durften sich hier eine Talmudschule (Jeschiwa) und ein jüdischer Gerichtshof (Beith-Din) niederlassen. Bestand hatten diese Einrichtungen bis zur Französischen Revolution. Ihre Verstorbenen beerdigte die jüdische Gemeinde auf dem Friedhof bei Ettendorf – seine Anlage erfolgte um 1575. Dieses Gelände diente auch anderen Gemeinden in den Dörfern der Grafen von Hanau-Lichtenberg als zentrale Begräbnisstätte.

Alt- und Neufreistett

Auch im hanau-lichtenbergischen Altfreistett, das bis 1736 zur Grafschaft Hanau-Lichtenberg und danach bis zum Anfang des 19. Jahrhunderts zur Landgrafschaft Hessen-Darmstadt gehörte, waren im 17. Jahrhundert vereinzelt Juden ansässig. In dem 1739 als Handelsplatz für Holz und Kolonialwaren gegründeten Neufreistett bestand eine jüdische Gemeinde bis 1935. Ihre Entstehung geht in die Zeit nach der Gründung Neufreistetts zurück: erstmals werden 1756 Juden genannt. 1766 zählte Neufreistett bereits sieben „starke“ jüdische Haushalte.

An Einrichtungen hatte die jüdische Gemeinde eine Synagoge, eine Schule, ein rituelles Bad – in einem an die Synagoge angebauten Badhaus – und einen Friedhof. Zur Besorgung religiöser Aufgaben der Gemeinde war ein Lehrer angestellt, der zugleich als Vorbeter und Schochet tätig war. 1827 wurde die Gemeinde dem Rabbinatsbezirk Bühl zugeteilt.[8]

Rheinbischofsheim

Im benachbarten Rheinbischofsheim, das bis 1736 zur Grafschaft Hanau-Lichtenberg, danach bis zum Anfang des 19. Jahrhunderts zur Landgrafschaft Hessen-Darmstadt gehörte, bestand eine jüdische Gemeinde bis 1938. Ihre Entstehung geht in die Zeit des 17. Jahrhundert zurück. Erstmals wurden 1717 Juden am Ort genannt. Der Graf von Hanau-Lichtenberg gestattete – teilweise gegen den starken Widerstand der Straßburger Kaufmannschaft – den Juden, offene Krämerläden zu führen. 1736 gab es vier, 1790 neun Schutzjuden mit ihren Familien am Ort.

An Einrichtungen hatte die jüdische Gemeinde eine Synagoge, eine Religionsschule – mit Lehrerwohnung im Synagogengebäude – sowie ein rituelles Bad, vermutlich in einem Nebengebäude zur Synagoge. Die Toten der Gemeinde wurden in Kuppenheim, später in Neufreistett beigesetzt. Auf einem in Rheinbischofsheim bestehenden kleinen jüdischen Friedhof wurden nur ein oder mehrere Angehörige der Familie Löw Simson beigesetzt.

Zur Besorgung religiöser Aufgaben der Gemeinde war ein Lehrer angestellt, der zugleich als Vorbeter und Schochet tätig war. In besonderer Erinnerung blieb Lehrer Daniel Levi, der 1907 sein 25-jähriges Ortsjubiläum in Rheinbischofsheim feiern konnte. 1827 wurde die Gemeinde dem Rabbinatsbezirk Bühl zugeteilt. Für das wirtschaftlichen Leben des Ortes waren die jüdischen Handels- und Gewerbebetriebe von großer Bedeutung.[9]

Lichtenau

In dem bis Anfang des 19. Jahrhunderts zur Herrschaft Hessen-Darmstadt gehörenden Lichtenau bestand ebenfalls eine jüdische Gemeinde bis 1939/40, die im 17. Jahrhundert entstanden war. 1631 wurde der „Jud Anstett" am Ort genannt, der einen Handel eröffnete. 1790 gab es zwölf jüdische Haushaltungen in der Gemeinde. Schon im 17. und 18. Jahrhundert durften die Juden in Lichtenau offene Kramläden für den Vertrieb u.a. von Tuchen, Leder, Kleider, Wäsche, Schule und Eisenwaren betreiben.

1933 lebten noch 84 jüdische Personen in Lichtenau. Auf Grund der Folgen des wirtschaftlichen Boykotts, der zunehmenden Repressalien und der Entrechtung ist in der Folgezeit – bis zur Deportation 1940 – der größere Teil von ihnen von Lichtenau verzogen oder ausgewandert. Etwa die Hälfte der jüdischen Einwohner konnte emigrieren, hauptsächlich nach Frankreich, nach den USA und Palästina.

Zehn der jüdischen Einwohner starben bis 1940 am Ort, dazu an Suizid der Kaufmann Emil Lehmann. Beim Novemberpogrom 1938 wurde die Inneneinrichtung der Synagoge zerstört, die jüdischen Männer verhaftet und über Kehl in das KZ Dachau verschleppt. Ernst Roos wurde am 1. Dezember 1938 auf dem SS-Schießplatz Prittelbach bei Dachau erschossen; auch Michael Roos starb in Prittelbach. Am 22. Oktober 1940 wurden aus Lichtenau 24 jüdische Einwohner nach Gurs deportiert, von denen nur sieben überlebten, und mindestens 16 umkamen – noch in Südfrankreich oder nach einer weiteren Deportation in die Vernichtungslager nach Polen.[10]

Vom Leben der Juden im Hanauerland

Zur Berufstätigkeit der Juden in der ehemaligen Grafschaft Hanau-Lichtenberg im 17./18. Jahrhundert hat Andre-Marc Haarscher Folgendes festgehalten:

> *„Wie sonst überall im Elsaß, so war auch in der Grafschaft Hanau-Lichtenberg der Viehhandel sozusagen eine jüdische Exklusivität. In Pfaffenhofen waren 1784 von 14 Familienoberhäuptern 7 Viehhändler und in Ingweiler 21 von 35. Bis zur Mitte des 20. Jahrhunderts gingen die jüdischen Viehhändler von Dorf zu Dorf und von Hof zu Hof, dem einen Bauern ein Kalb abzukaufen, dem anderen eine Milchkuh oder ein Pferd zu verkaufen. Meistens wurde der Handel auf Kredit gemacht, da die Bauern selten genug bares Geld besaßen – daher die vielen eingetragenen Kontrakte auf den verschiedenen Amtsschaffneien der Grafschaft. In vielen Fällen waren diese Geschäfte nicht allein gegen bares Geld, sondern auch gegen ein anderes Stück Vieh, gegen Getreide oder Wein erfolgt."*[11]

Auf den Viehmärkten der Grafschaft waren die jüdischen Viehhändler allgegenwärtig. Ihretwegen hat die Kanzlei zu Buchsweiler manchmal wegen des Sabbat-Beginns das Datum der Märkte von Freitag auf den Donnerstag verlegt.

Seit dem 17. Jahrhundert war es nach einem Dekret des Grafen Johann Reinhart den Juden gestattet, sich auf die Märkte zu begeben, um zu kaufen und zu verkaufen,

> *„... dass es (für die Juden) mit Verkauffung allerhand Victualien und andere Waren sein verbleiben habe".*[12]

Bald aber wurden die Juden angeklagt, sie würden zu früh auf die Märkte gehen, um so viel Ware wie möglich zu hamstern, um sie später teurer verkaufen zu können. So wurde an die Rentkammer in Buchsweiler eine Bittschrift gesandt, den Juden zu verbieten, sich im Sommer vor neun Uhr und im Winter vor zehn Uhr auf die Märkte zu begeben. Die Kanzlei genehmigte das Gesuch.

Die Kornjuden wurden 1759 vom Amtsschaffner Kromayer in Pfaffenhofen verdächtigt, alles Getreide auf dem Markt aufzukaufen. Bei der Untersuchung stellte sich aber heraus, dass der Mittelmüller, der Stubenwirt und der Bäcker aus Neuweiler – also Christen – sich dessen schuldig gemacht hatten.

Im Jahr 1717 hat die Straßburger Krämerzunft ein Klageschreiben an den königlichen Rat in Paris gesandt, weil Graf Johann Reinhart – ebenso wie der Bischof von Straßburg in Zabern – Juden erlaubt hatte, offene Läden zu haben. Im Gegenbericht des Grafen und Bischofs liest man:

> *„Von jeher war es den Herren gestattet, gewissen Juden diese Gunst zu erweisen, damit das Publico von*

> *ihrem Geschäftsgeist Nutzen zieht.*
> *Es ist unbegründet, sie des Betruges*
> *zu beschuldigen und sie anzuklagen,*
> *schlechte Ware zu verkaufen, sonst*
> *würde es nicht den Neid der*
> *(christlichen) Krämer erwecken."*[13]

Auch die Amtsschaffner und die Bürgermeister waren der Meinung, man solle den Juden die Freiheit geben, offene Geschäfte zu haben. So schreibt 1783 der Amtsschreiber Bojan von Westhofen, nachdem David Israel um die Eröffnung eines Kramladens gebeten hatte:

> *„Es wäre dem Publico nützlicher*
> *wenn sothaner Jud die Krämerey*
> *treibet, denn das Vorgeben von den*
> *supplicirenden Christen Krämern,*
> *dass die Juden schlechte War halten*
> *ist unbegründet, indem solche*
> *bishero besser und auch in mehrerer*
> *Gattung, als bey den Christen*
> *Krämern zu haben war."*[14]

In Pfaffenhofen wurde 1780 der Jude Zacharias Mayer sogar zum Meister der Krämerzunft ernannt.

Neben ihrer eigenen Wohnung, einem Garten und manchmal einem kleinen Weinstock konnten die Juden der Grafschaft keinen Grund und Boden besitzen. Hingegen war ihnen erlaubt, Güter zu kaufen und sie im laufenden Jahr wieder zu verkaufen. Schon in der Mitte des 17. Jahrhunderts liest man in den Contractenprotokollbüchern der verschiedenen Ämter über Ankaufs- und Verkaufsverträge zwischen

Juden und Christen, und zwar von Häusern, Grundstücken oder Reben. Stiftungen wie Spitäler, Kirchenschaffneien oder Klöster wählten Juden als Zwischenhändler für ihre Geschäfte. So hat zum Beispiel im Jahr 1659 ein gewisser Lazarus im Namen der Jesuiten von Hagenau an Conrad Scheer aus Pfaffenhofen etliche Grundstücke verkauft.

Nachdem 1712 die Grafschaften Hanau-Lichtenberg und Hanau-Münzenberg an Johann Reinhart III. und 1736 an die Landgrafen von Hessen-Darmstadt kamen, wurde Buchsweiler der Sitz eines glanzvollen Hofes mit Regierungsrat, Rentkammer, Kirchenrat u. a.m. sowie einer großen Menge von Beamten und Dienern. Jüdische Geschäftsleute wurden zu Hoflieferanten ernannt. Sie lieferten Spezereiwaren, exotische Früchte, Wein und Kleiderstoffe für die Herrschaft, die Beamten und die Knechte, außerdem Pferde für die Stallungen.

Mit der Zeit bildete sich in der Grafschaft eine vermögende Klasse, die weit über die der anderen Juden herausragte. Die Familie Weyl von Westhofen, die Familien Lippmann, Reichshoffer, Netter oder Moses von Buchsweiler waren reiche Geschäftsleute, Lieferanten und Bankiers der Herrschaft, die durch Heiraten familiär untereinander verbunden waren. Sie wohnten in großbürgerlichen Häusern und hatten Dienstpersonal.

Den Mittelstand repräsentierten die Viehhändler, die Judenkrämer und die Metzger. Diese Gruppe wohnte in bescheidenen Häusern, deren Wert selten 500 Gulden übertraf. Ihre Heiratsverträge weisen Mitgifte von 50 bis 500 Gulden auf.

Die Armen in der jüdischen Bevölkerung der Grafschaft kann man auf 14 Prozent schätzen. Sie besaßen weder Haus noch anderes Gut, waren Hausierer, Makler, Dienstleute oder gar Bettler. Oft wurden sie von den jüdischen Armenkassen unterstützt, und für die Witwen gab es eine besondere „Wittwen- und Waisenkasse“. Die Herrschaft hatte sie teilweise, manchmal auch ganz vom Schirmgeld befreit.

Die Willstätter Juden

Willstätt bestand zu Beginn des 17. Jahrhunderts aus etwa 50 Häusern, die sich um das hanau-lichtenbergische Schloss, eine herrschaftliche Mühle und die Münze gruppierten. Matthäus Merian hat in seiner Topographia Alsatiae (1643) den Ort beschrieben und einen Riss davon gefertigt:

„Wildstätt / Wilstett / Wilstädt.
Ligt ein Meil Wegs von Straßburg / aber über Rhein / auff Germanier Boden / in der Mordnau / so man jetzt Ortenau zunennen pfleget. Gehört dem Herren Graffen von Hanau Liechtenberg. Hatte vor dem jetzigen Teutschen Krieg ein feines Schloß / und schöne Mühlen allda. Aber Anno 1632. den 20. Februarii, haben deß Obristen von Ossa Soldaten allda sehr übel gehauset / die Mühl /

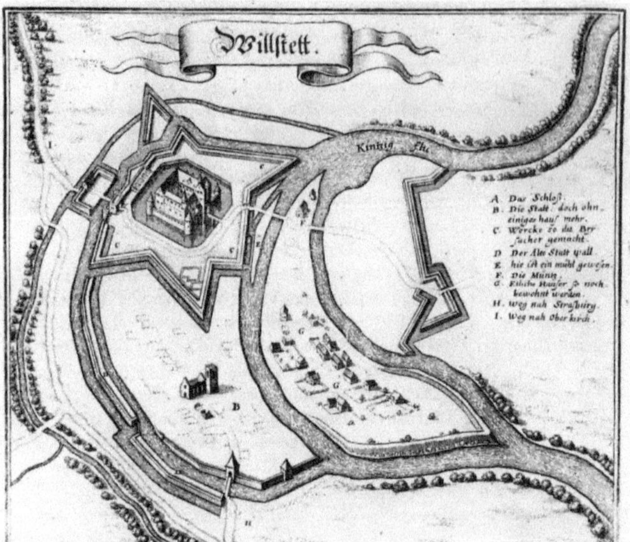

Das 1632 zerstörte Willstätt. Aus: Matthäus Merian (Herausgeber und Illustrator) und Martin Zeiller (Textautor): Topographia Alsatiae. Frankfurt am Main 1643/44, S. 68.

Schloß / und Häuser / ausser 40. angesteckt / darbey auch viel Leut ümbkommen seyn. Ward hernach noch weiters / von underschiedlichen Partheyen / und darunder / den 10. Aprilis Anno 41. vom Herren Generaln Gill de Haas, mit Accord; Anno 43. den 29. Augusti, vom Herrn General Johann de Werth; und dann Anno 45. vom Herrn General Major von Erlach / und Herrn Obrist Mosern / Commendanten zu Benfeld eingenommen. Dem Krieg der Stadt Straßburg mit ihrem Bischoff / Walthern von Geroltzeck / belägerten die Straßburger auch dieses Städtlein / so selbiger Zeit gar wol gebauet / und den Straßburgern grosser Schad darauß geschehen war; welches sie gewonnen / und zerbrochen haben / und starb gedachter Bischoff Anno 1263. noch in währender Unruh. Straßburger Chronick / Theatrum Europaeum, und Relationen."

Hier in dem Amtsstädtchen an der Kinzig lebte auch eine kleine jüdische Gemeinschaft. Die Rats- und Contractenprotokolle der Reichsstadt Offenburg des 17. Jahrhunderts nennen ihre Mitglieder häufig mit Namen: „Mose Meyer von Willstätt, Kostel Levi Jud von Willstätt, Jacob Neuß der Jud von Willstätt, Isaac der ältere von Willstätt, Isaac der junge von Willstätt, Abraham Jude von Willstätt", oder auch ganz einfach „Der Jude von Willstätt". Warum sie in Offenburg auftauchten? Hier in der Reichsstadt durften sie in gewissem Maße Handel treiben mit Vieh, durften sich später auch niederlassen gegen Zahlung eines Schutzgeldes, als die Landschaft der Ortenau im Dreißigjährigen Krieg verwüstet und Willstätt 1632 niedergebrannt worden war.

Schon ein erster Eintrag im Offenburger Ratsprotokoll belegt den Viehhandel der Willstätter Juden.

Denn ein Jude solle der Stadt ein Pferd liefern, das man aber erst prüfen wolle. Dazu solle dem Juden der Zugang zur Stadt gestattet sein:

> *„Von dem Juden zu Willstett soll ein pferd uf probieren angenommen werden, und ist dem Juden Geleit zu ertheilen."*[15]

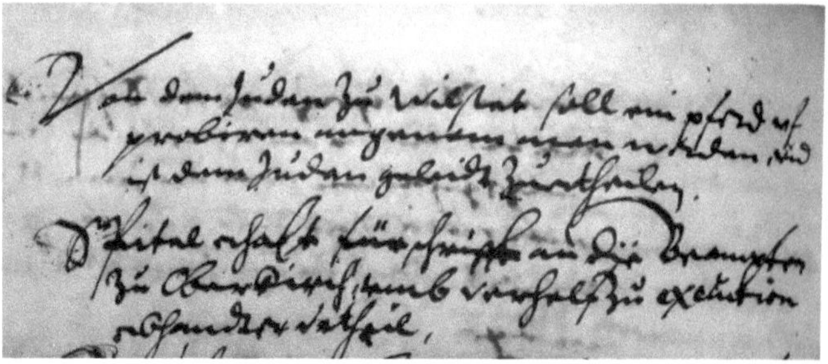

Offenburger Ratsprotokoll 4.3.1616, 84r.

Dieser jüdische Viehhändler hieß Hirzel. Er war, wie aus dem Protokolleintrag hervorgeht, in Offenburg zollpflichtig, und es war ihm nur mit Pferden zu handeln erlaubt worden, ansonsten drohte die Auflösung der Vereinbarung und die Beschlagnahme seiner Waren:

> *„Amptman zu Wilstet schreiben, daß Judt Hürzel uf den Markttagen zu gedulden, ist referiert, Ist dem Juden erlaubt, doch daß er Zol geben und bey verlust des contracts und wahren mit der burgerschaft weiter dan mit roßen nicht handlen soll."*[16]

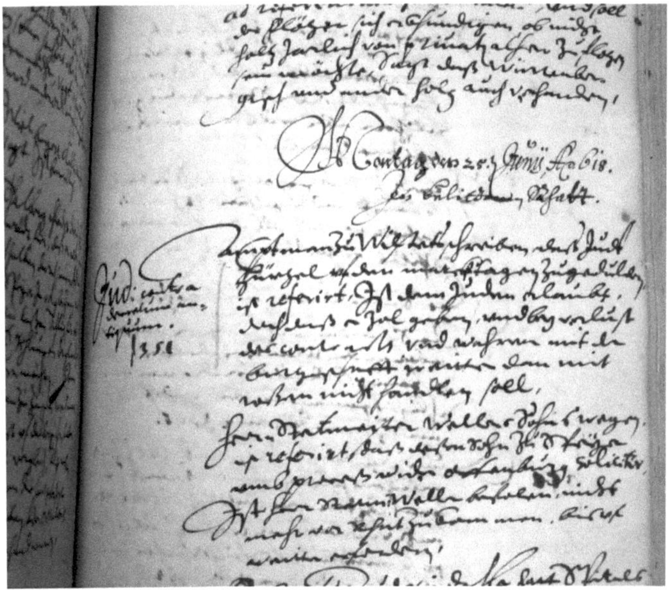

Offenburger Ratsprotokoll 25.6.1618, 348r.

Noch ein weiterer Jude beantragte die Genehmigung in Offenburg Handel zu treiben, doch vergeblich:

> *„Es helt ein ander Jud auch an,*
> *dass er alhier traffigiren möchte,*
> *ist abgeschlagen."*[17]

Man war sich nicht im Klaren über die Höhe des Zolls, den der Jude zu entrichten habe, und so erkundigte man sich in der Landvogtei:

> *„Amptman zu Wilstet schreiben*
> *umb resolution des Juden Hirzel*
> *halben, soll in der landVogtey*
> *erkundigt werden, was der Jud*
> *daselbst zolle."*[18]

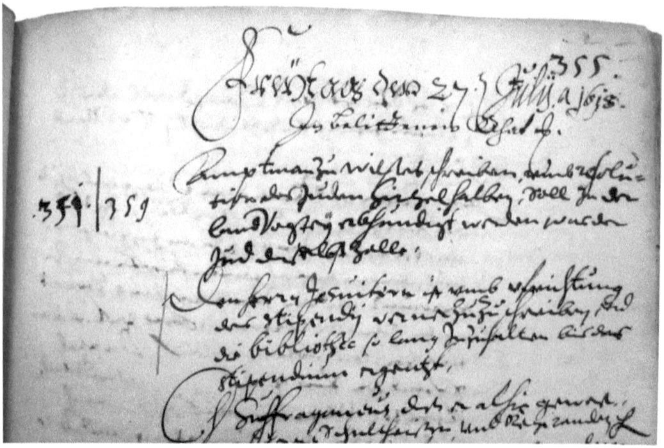

Offenburger Ratsprotokoll 27.7.1618, 355r.

Das Ergebnis der Umfrage:

> *„Der Juden halben ist referirt,*
> *daß dieselben in der Landvogtey*
> *jedesmals geleit haben, und dafür*
> *uf 10 g geben müssen, darauf ist*
> *erkandt daß die Juden den Zoll und*
> *Geleit entrichten solln, so dem*
> *Junckher Amptmann zu Wilstet*
> *zu überschreyben.“*[19]

Ein Pferd, das man für den Bürgerhof in Straßburg gekauft hatte, wollte man wieder los werden oder eventuell gegen ein anderes Pferd des Juden tauschen:

> *„Pferdt im Burgerhof so zu*
> *Straßburg kauft, soll wieder verkauft*
> *werden, oder mit den Juden*
> *vertauscht.“*[20]

Dieses Pferd im Bürgerhof sollte an den Willstätter Juden verkauft werden, der einen Jahreszoll von drei Reichstalern zu entrichten habe, was man dem Willstätter Amtmann mitteilte:

> *„Das Roß im Burgerhof, so zu verkaufen befolen, soll dem Juden zu verkaufen geben werden, und fürder von ime jerlich drey Reichsdaler Zol genommen werden, welches dem Amptmann zu Wilstet zu überschreiben."*[21]

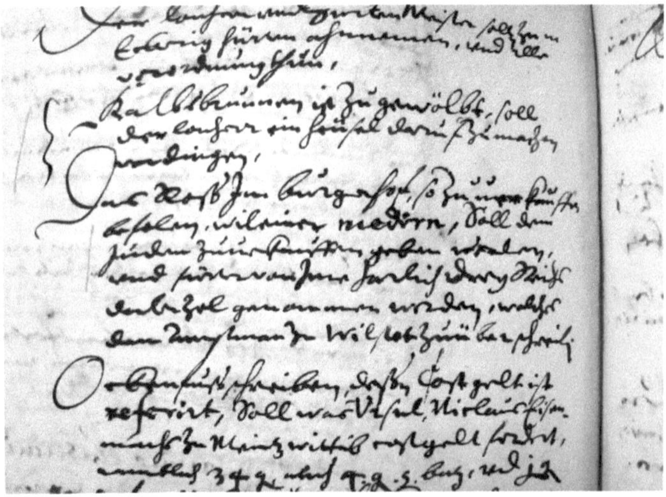

Offenburger Ratsprotokoll 1.10.1618, 370v.

Die städtischen Ratsherren sollten mit dem Juden die näheren Details des Pferdverkaufs klären:

> *„Stättmeister Gabriel Riedinger, Stättm. Martin Keiser und Lohnherr sollen das pferdt, so dem Jud im Burgerhof unb besichtigung geben,*

> *besehen, wird nach gelegenheit*
> *mit Ime handlen, das hiesige*
> *Roß dem Juden geben, soll ermelter*
> *Jud seinem erpieten gemess*
> *verhandlen.*"[22]

Nur der Jude Hirzel durfte die Stadt zollfrei betreten, wenn er mit oder ohne Diener Pferde brachte, sein Schwiegersohn allerdings hatte dieses Recht nicht:

> „*Jud Hirzel wann derselb pferde*
> *pringt und einen als diener bei sich*
> *hat, soll derselb passiert werden, da*
> *aber er Hirzel nicht zugegen, soll*
> *dessen dochtermann und jedweder*
> *andere ohn geleit und zoll nicht*
> *ingelassen werden.*"[23]

Ansicht von Willstätt auf einer Willstätter Waldkarte, Anfang 17. Jahrhundert. Generallandesarchiv Karlsruhe, H Willstätt 8.

1619 baten drei Willstätter Schutzjuden „*umb Zugang gen Offenburg*". Der Rat antwortete: „*Ist zur Zeit noch abgeschlagen*"[24] Den Juden Abraham, Isaac und Jacob aus Willstätt wurde 1624 gestattet, dienstags – dem traditionellen Tag des Wochenmarktes – die Stadt zu betreten. Sie entrichteten ein Jahrgeld in Höhe von vier Pfund Pfennig und versprachen „*mit den Bürgern alle wucherlichen Contract bei Leibstraf zu meiden"*. Auch Isaac Jud dem Jungen wurde erlaubt, *„in allhiesiger Stadt zu handeln und zu wandeln wie die anderen Juden"*. Dafür zahlte er ein Jahrgeld von sechs Reichstalern.[25]

1625 wird ein erster Schutzbrief in Offenburg ausgestellt für die beiden Willstätter Juden Isaak der ältere und Jacob Neuß. Der Schutz bezieht auch ihren Anhang mit ein. Er gewährt freien Zugang zur Stadt und freien Handel auf dem Wochenmarkt und an Jahrmarkttagen.

> *„Schirmverwandnus*
> *Isakh der Elter und Jacob Neüß*
> *beide Juden von Wilstett und ihrem*
> *brodgesind, als Weiber, Khinder und*
> *Dienern, ist erlaubt, alle Zinstag*
> *und Jahrmarcktag alhero zu*
> *khommen und sonst in der Wochen,*
> *durch die Statt zu reißen und der ort*
> *gegen menniglich sicher Gleid zu*
> *haben, doch daß sie mit den burgern*
> *zu- und angehörigen kein wucher-*
> *liche contract treiben und was sonst*
> *sie mit burgerern handlen, anderst*
> *nicht gelten soll, als wehre dann bey*
> *hiesiger Cantzley verschrieben, die*
> *sollen auch sonst der Statt, Schult-*
> *heiß, Meister und Rhat und gemeine*
> *Burgerschafft und Wesen, getrew*
> *und hold sein. Dafür solt Ihr*
> *Jedweder jarlich und so lang solches*
> *wehrt, alle Zeit Uff Johannis*
> *Baptistae Sechs Reichsthaler schirm*

gelt geben, welches beide Theil
zu halten zugesagt, gelobt und
versprochen."[26]

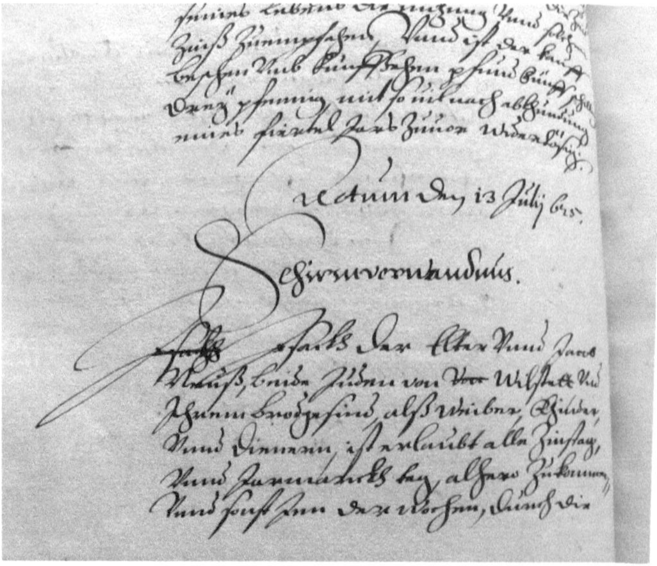

Offenburger Contractenprotokoll 1625, 26v.

Auch für Abraham, den Juden aus Willstätt, wird 1625 ein Schirmbrief ausgestellt, für den stets an Weihnachten sechs Reichstaler zu bezahlen sind:

„Juden Schirm
Abraham dem Jud von Wilstett,
dessen Hausgesind ist erlaubt, alle
Zinstag und Jahrmarckhtag alhero
zu kommen durch die Statt zu reißen
und der orts gegen menniglich sicher
geleid zu haben, doch daß er mit
burgeren und angehörigen kein
wucherliche Contract treiben und

was er sonst mit burgern handlet,
anderst nicht halten soll, es
were dann bey hiesiger Cantzley
verschrieben. Er soll auch dieser
Statt H. Schultheißen Meister
und Rhat getrew und hold sein.
Dafür soll er jedes Jars allzeit uff
Weihnachten sechs Reichsthaler
Schirmgelt entrichten, so er zugesagt,
gelobt und versprochen."[27]

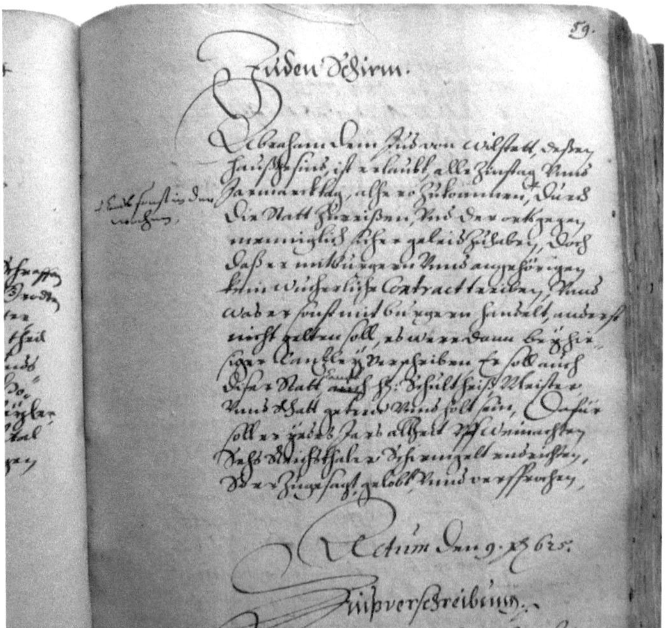

Offenburger Contractenprotokoll 1625, 59.

Vor der Offenburger Canzlei bestätigt 1625 Thomas Baumann aus Niederschopfheim, dass er von Jacob Neuß aus Willstätt vierzig Reichstaler geliehen und bar empfangen hat. An Weihnachten in einem Jahr will er die Summe in Offenburg oder Willstätt zurückzahlen. Jacob Jud kann dann den Erhalt des Geldes schon am 10. März 1626 mit seiner Unterschrift quittieren:

> *„Schuldbekandnus: Thoman Bauman von Niderschopfen hat bekhand, dass er Jacob Jud Neüß wohnhaft zu Wilstett schuldig sey vierzig Reichsthaler in specie fürgesezten Gelts, die er also bar empfangen, die hat er gelobt uff weynachten nechstkünftig wie in spe alhir zu Offenburg oder zu Wilstett für sich und seine erben (zu bezahlen) 14. Oktober 1625"*[28]

Ein weiterer Willstätter Jude erhält den Schutzbrief in Offenburg:

> *„Juden Schirm*
> *Wür Schultheiß, Meister und Rat des Heiligen Reichs Statt Offenburg bekhennen hiermit, das wir Isaac Juden dem Jungen von Wilstätt undt dessen Hausgesindt erlaubt, alle Zinstag undt Jahrmarcktag alhero zu khommen und sonst in der Wochen, durch die Statt zu reysen und der orts gegen menniglich sicher geleidt zue haben, doch das er mit unsern burgeren und deren angehörigen kein wucherliche Contract treiben und waß er sonst mit unsern burgern und andern*

allhie handelt, anderst nicht gelten soll, es were dann bey hiesiger Cantzley verschrieben. Er soll auch uns Schultheiß, Meister und Rath auch gemeiner Statt getreüw undt hold sein. Dafür soll er jedes Jahres allzeit uff Exaltationis Crucis sechs Reichsthaler Schirm geldt endtrichten, so er zuegesagt, gelobt und versprochen. So geschehen uff Mittwoch den 23. September Anno 1626."[29]

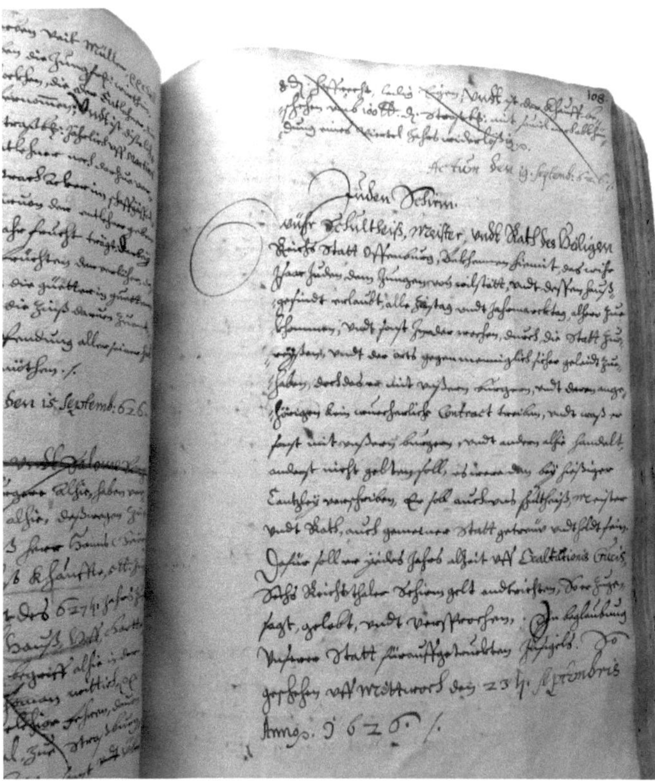

Offenburger Contractenprotokoll 1626, 108.

Ein Kaufvertrag von 1626 nennt: „der alt Isaac Jud von Wilstett.“[30]

Dass die Juden auch Immobilien und Grundstücke erwerben konnten, geht aus dieser größeren Transaktion hervor: Isac der ältere von Willstätt kaufte 1627 einen Rebhof mit Zubehör im Durbacher Heimbach für 1100 Gulden. Ob er den Besitz als Makler weiterverkaufen oder ob er das Gut selbst bewirtschaften wollte, lässt sich aus der Quelle nicht entnehmen. Er hatte jedenfalls Bodenzins zu zahlen an den Grundherrn auf Staufenberg, dazu ein Ernte-Huhn, ein Herbsthuhn und ein Fasnachthuhn zu liefern:

> *„Caspar Heitz burger alhir hat verkauft Isac Juden zu Wilstet, der uf ratification undt gutheissen des Herrn Stadthalters zu Baden, als Herrschaft Staufenberg, vestiglich kauft, Benandtlich Ein Rebhof, Scheuer, Ställ, Trotthaus sampt allen gebawen, Reben, Böschen, Walden, Matten und aller andern zugehört im Turbach gelegen im Heimbach genannt, Stauffenberger gerichts, wie dan die Anstöß in der kaufverschreibung, so im Durbach angeben, mit sich bringen undt ausweißen. Darvon gehen Jahrs 19 s 1 ½ d Bodenzins uf Schloss Staufenberg. Mehr ein Erndt Huon, ein Herpst Huon, ein Fasnacht Huon. Sonst ledig eigen. Undt ist der Kauf uber ietz bemelde Beschwerden, die der Käuffer übernommen*

beschehen umb Eylf Hundert Gulden."[31]

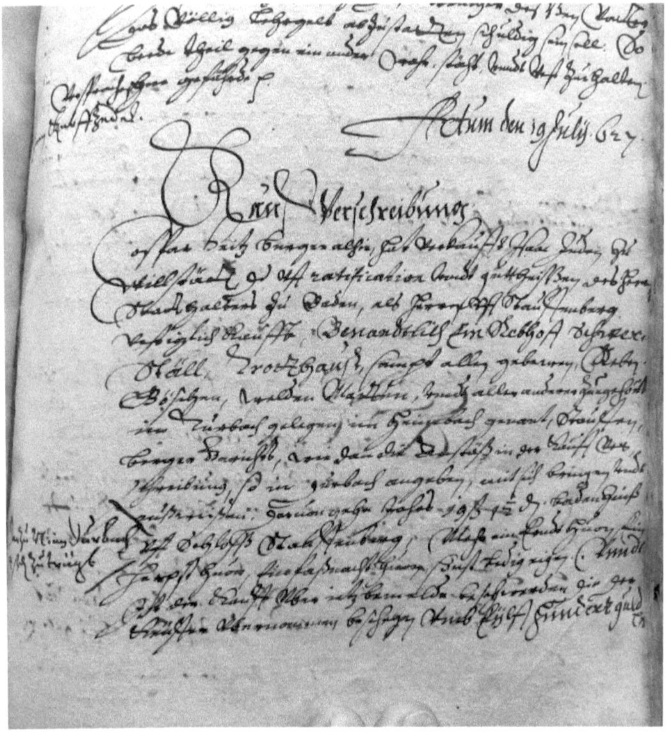

Offenburger Contractenprotokoll 20.7.1627, 170.

Isac der ältere von Willstätt quittiert 1631 eine Kaufsumme:

> *„Zu wissen, Demnach Isac Jud der Eltere von Wildtstett, Jüngster tagen herren Johan Kügelin, als Vogten Oswaldt Reiflins Kindere, Herrn Johann Ockhenfuosen als Anwalten gemeinen Dädegerischen Erben und Herrn Friedrich Offo Fabry als*

> *Gewalthaber gemeinen Haberischen Erben, eine verschreybung sambt daran 3 verfallener Zins, ein benambste Summen, uf Iro Er.Herren Marggrafen zue Baden stehendt, und 1500 fl umb baare volkommenen Kaufschilling (...) hiemit vollkommentlich ausgericht und bezalt habe, Deswegen Jud in best. undt bestendigster formb Rechtens quittierend."*[32]

In Willstätt wurde mehrmals eine Gebäudetaxierung durch die Gemeinde vorgenommen, um einen Streit zwischen Joachim Schumpf und Isac den Juden zu klären:

> *„Ist bey erster abschätzung des zwischen Jochim schumpfen und Isac Juden streitig Hauses verzehrt worden 3 fl 10 s 8d. – Ausgab: Als das streitige Haus zwischen Joachim Schumpfen und Isac Juden zum andern Mal abgeschätzt worden 2 pfd. 18 s."*[33]

Damals beteiligten sich auch die Willstätter Juden an der Versorgung der nur wenige Jahre bestehenden Willstätter Münze mit Feinsilber. 1632 waren es deren drei: Abraham, Isaak, Jakob.[34] In der Willstätter Gemeinderechnung wurde 1633 und 1634 bestätigt:

> *„Von Isaac Juden dem alten empfangen 16 s."*

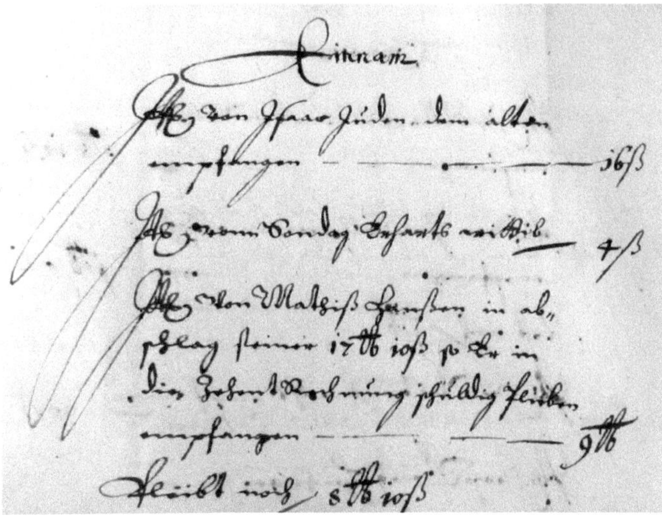

Willstätter Gemeinderechnung 1633/1634.

Aus den Offenburg Ratsprotokollen (= RP) sind viele Details zum Leben der Willstätter Juden in der Stadt Offenburg zu entnehmen:

> *„Herr Amtmann von Willstätt schreibt wegen Isaac Juden daselbst und ahndet stark, daß man wider seinen amtsangehörigen mit Arresten anhaltet, ist erkannt, weil sich der Jud bis künftigen Montag selbst zustellen willens, also laßt man ihn dabei verbleiben und soll ihm solches durch ein Rec… dem Boten erteilend angefügt werden.“*[35]

> *„In der Arrestsache zwischen J. Schmelins Arrestantin einseit und Isac Juden Arrestanden andersteils, weil der Jud nicht erschienen,*

sondern ungehorsam ausgeblieben, ist erkannt, daß es noch bis nächsten Ratstag sollen eingestellt werden."[36]

„Weilen Herr Cammerer Herrn Obristenleutnant und anderen Officieren dahin behandelt, daß sie sich mit dem 13. Termin endlich wollen ausweisen lassen, doch daß solcher bis Mittwoch eigentlich erlegt werde. Also ist erkannt, daß Geld entweder von Jäcklen dem Jud zu Willstätt..." (bricht ab)[37]

Willstätter Juden als Schutzjuden in Offenburg

Als Willstätt nach 1632 in Schutt und Asche lag, wandten sich weitere Juden schutzsuchend nach Offenburg, der stark befestigten katholischen Reichsstadt unter dem Kommandant Reinhard von Schauenburg. Anfangs, 1636, weigerte sich die Stadt noch:

> *„Isac Jud für sich und im Namen Mohse Meyers von Willstett, dieweil selbige wegen verderbten Fleckens Willstett nicht mehr daselbst wohnen können, pitten, sye um ein billiches Schürmgelt alhier zugedulden, erbeten sich keinen nachteiligen Contract mit den Burgern zu verüben. – Ist dies Begeren abgeschlagen."*[38]

1637 öffnete die Stadt dann ihre Tore für die Schutzsuchenden:

> *„Jacob Jud und Jäcklin Jud pitten undertänig um Schutz und Schirm, mit erpieten keinen wucherlichen Contract zu verüben. Sind auf ir wohlverhalten in schuz und schürmb ufgenommen und sollen wegen schürmgelts mit ihnen durch die regierenden H. Stättmeister und Lohnherren accordiert werden."*[39]

Am folgenden Tag wurde dann über die Höhe des Schirmgelds Einigkeit erzielt:

> *„Ist mit den Juden wegen ihres schürmbgeltes verglichen worden,*

daß einer des jahres 12 pfund 10 s zu geben und aller wucherlichen Contracten sich enthalten solle."[40]

Die offizielle Urkunde lautete dann im Contracten-protokoll:

„Juden Schürm
Wür Schultheiß Meister und Rat der H.Reichs Statt Offenburg bekhennen hiemit das wür Jacob und Jäckhlin, Die Juden sampt ihrem Gesind mit diesem geding schutz und schürm zugesagt, daß sie alhir ihre Wohnung und sicher geleit haben, aber mit unseren burgern und angehörigen kein wunderliche contracten treiben und was sie sonsten mit den unsrigen und andern contractiren und handlen anderst nit gelten soll, es werde dann bey alhiesiger Cantzley verschrieben, sye sollen auch uns schultheiß, Meister und Rhat, auch geneiner Stadt getrew und holdt sein, und unsern schaden warnen und nutzen befürdern helfen, Umb solchen zugesagten Schutz und Schürm sollen beede obgemelte Jacob und Jäcklin Juden, Ein Jahr zwanzig fünf Pfund Pfennig Straßb. Schürmgelt entrichten, so sye zu halten zugesagt und versprochen.
In Beglaubung unsers und gemeiner statt hierfür ufgetruckten Insigels. So beschehen den 26. Juni des

16hundert und syben und dreysigsten Jahres."[41]

In der Willstätter Gemeinderechnung wurde 1648/49 noch eine Schuldforderung notiert, die korrekt bezahlt worden war:

„Abraham Juden für seine angebühr einer an diese Gemeind mit Jacob und Isac Juden dem Jung insgemein gehabter Schultforderung für 12 fl 10 s Haubtgelt und alle dabey ausgestandene Zins bezahlt laut quittung 7 fl 10 s."[42]

Über den Aufenthalt der Willstätter Juden in Offenburg ist für die nun folgenden Jahre reichliches Quellenmaterial vorhanden. Allerdings wurden sie in den Protokollbüchern der Reichsstatt nur noch mit ihrem Namen, nicht mehr aber mit dem Zusatz „von Willstätt" genannt. Diese Quellen sind veröffentlicht in „Isac, Abram und Jacob – Quellen zur Geschichte der Offenburger Juden".[43]

Die jüdischen Familien blieben also gegen Zahlung des Schutzgeldes in Offenburg wohnen, sie waren damit auch Zeitgenossen Grimmelshausens in Offenburg, der seit den 1630er Jahren hier lebte. Zu ihrem Alltagsleben in der Reichsstadt lässt sich sagen: Damals handelten sie mit Pferden und Metallen, betrieben auch Geldgeschäfte oder den Salzhandel. Gelegentlich wurde auch von Pfandleihgeschäften berichtet. Auch mit Häuten oder Leder verdienten sich die Juden ihren Lebensunterhalt, wobei sie in diesen Angelegenheiten bis nach Rottweil, Schramberg oder

Villingen reisten. Selten verkauften sie Wein, Holz oder Getreide und Früchte.

Hier in der Stadt benahmen sich die Juden wie die anderen in den Protokollen aufgeführten Offenburger auch. Sie waren in Raufhändel und Beleidigungsprozesse verwickelt und sparten nicht mit Schimpfwörtern. Jäcklin und Abraham etwa prügelten sich und wurden dafür zur Rechenschaft gezogen. Dazwischen bedankte sich ein gewisser Jude Mayer für die drei Jahre Schutz und Schirm, die er mitten im Krieg erhalten hatte. Und an anderer Stelle wurde deutlich, dass die Juden sogar Ladengeschäfte in Offenburg etabliert hatten, sehr zum Ärger der Nichtjuden. Auch fremde Juden tauchten gelegentlich in der Stadt auf, etwa ein Salomon von Rottweil oder Jacob von Hechingen, die hier Handel treiben wollten. 1654 erhielt ein Jude aus Amsterdam für ein Vierteljahr Schutz und Schirm.

Auch über andere Alltagsereignisse erfahren wir manches. So brannte es angeblich in den Häusern von Marx und Jacob, doch soll es nur gequalmt haben, wie sich die beiden gegenüber dem Stadtrat verteidigten.

Die großen Summen, die der Friedensschluss von Münster 1648 zur „Satisfaction der Schwedischen Militie" den Bürgern der deutschen Reichsstädte auferlegte, konnten in Offenburg wie anderswo nur durch Anleihen bei den Juden aufgebracht werden. Einer, der ihnen 600 Gulden vorschoss gegen einen Zins von 5 Prozent, war Jacob Neuß der Jude aus Willstätt. Mit dem städtischen Siegel und den Siegeln der Zünfte bestätigte man ihm schriftlich diese

Schuld. Geldverleih tauchte überhaupt nach 1648 häufiger auf. Dominierender Handelszweig aber ist nach wie vor der Pferdehandel und -tausch gewesen, wie der Blick ins Sachregister der Protokollbände zeigt.

Ob es sich am Karfreitag des Jahres 1656 um ein lokales Pogrom gehandelt hat, als sich Jacob Neuß über Jugendliche beschwerte, die ein großes Geschrei vor seinem Haus machten, Steine und Kot gegen das Haus warfen und die Fenster einschlugen? Ein Vierteljahr später stellte sich heraus, er habe wohl die Jugend „mit einem Spiegel gereizt und über sie gescholten“[44] und müsse deshalb für den Schaden selbst aufkommen. Was aber wohl eher eine Schutzbehauptung der Jugend gewesen sein wird, um ihre antisemitische Attacke irgendwie begründen zu können ...

In einer etwas unklaren finanziellen Angelegenheit wurde die Unterschrift „des verstorbenen Rabbiners“ von anderen Rabbinern auf Echtheit überprüft. Ob dieser Rabbiner in Offenburg wohnte oder ob er von außerhalb für die jüdische Gemeinschaft in Offenburg tätig war, kann allerdings mangels Quellen nicht gesagt werden. Anzunehmen ist aber auf jeden Fall die Existenz einer „Schul“, einer Synagoge, wenn sie auch für jene Zeit nicht aktenkundig geworden ist.

1663 lesen wir, dass Isaac der Jude nun schon seit 27 Jahren in Offenburg lebt und mittlerweile 81 Jahre alt ist, krank und eine blinde Ehefrau zu versorgen hat. Daher bittet er um Halbierung seines Schutzgeldes. Und 1667 dankt Jacob Levi ab nach

30 Jahren Aufenthalt in Offenburg. Dafür kommen 1676 von Kippenheim und Grafenhausen zwei „Neulinge“.

Der Versuch der Vertreibung der Juden aus Offenburg geht zurück auf eine erste Klage der Schneiderzunft vom 11.8.1642. Anlass war der Kaufmannshandel des Jacob Neuß gewesen. Man solle ihm das verbieten, forderte die Zunft. Doch Neuß verwies auf seinen amtlichen Schutz, den ihm die Stadt fünf Jahre zuvor gewährt habe. Wenn er nicht mehr Handel treiben dürfe, könne er seine hohen Schutzgeldzahlungen auch nicht mehr aufbringen. So entschied der Rat, die Juden dürften weiter Handel treiben und auf dem Dienstagmarkt ihre Waren anbieten, allerdings nicht damit hausieren gehen.

1651 übergaben die Herren und Meister der Schneiderzunft erneut eine „Supplication“ um Abschaffung der Juden, und wiederum im April des folgenden Jahres. Im Mai 1652 protestierte dann auch noch der Stadtpfarrer Adam Haffner, der Jude Jäcklin habe gesagt, ihm, dem Kirchherrn, werde schon noch das Maul gestopft werden, damit er nicht mehr von der Kanzel herab gegen die Juden predige, es sei doch alles nur falsch und erlogen. Der Stadtpfarrer verlangte dafür eine öffentliche Entschuldigung, eine finanzielle Strafe – und die Ausweisung aus Offenburg. Da auch die Schneiderzunft 1652 bei einem neuerlichen Antrag auf Ausweisung aus Offenburg bestand, wollte Jacob Neuß wenigstens wissen, „ob einer allein oder die ganze Zunft“ gegen ihn sei, er wird wohl persönliche Rache vermutet haben. Der Rat der Stadt muss zunächst ähnlicher Meinung gewesen sein, bis man nach dem Tod des Jacob Neuß dann doch noch auf die alte Forderung der Schneiderzunft einging.

Es dauerte bis zum März 1680, ehe die Stadt Offenburg per Ratsdecret die „Abschaffung der Juden" festsetzte, die nur als Durchreisende noch Geschäfte machen durften. Lediglich das „Judengäßlein" zeugte noch 1689, im Jahr der völligen Zerstörung Offenburgs durch die französischen Truppen, von der früheren Anwesenheit der Juden.

Vertreibung aus Offenburg 1680

Die Juden verließen die katholische Reichsstadt, kaum einer kehrte allerdings nach Willstätt zurück. In den dortigen Gemeinderechnungen tauchen sie – mit einer Ausnahme – jedenfalls nicht mehr auf. Einige nahmen das Angebot des badischen Markgrafen Karl-Wilhelm an, sich 1715 in seiner neuen Schloss-Stadt Carlsruhe niederzulassen, wo sie Religionsfreiheit, einen kostenlosen Bauplatz, Bauholz und andere Vergünstigungen erhielten. „Willstätter" wurde ein häufiger jüdischer Name in Karlsruhe und bezeichnete in der Folge Rabbiner, Gelehrte und Kaufleute.

Der 1872 in Karlsruhe geborene spätere Chemienobelpreisträger Richard Willstätter erinnerte sich in seiner Autobiographie noch an die Herkunft der Ahnen:

> *„Einige Jahre nach der Gründung*
> *der neuen Residenzstadt war*
> *der Urgroßvater meines Großvaters,*
> *Rabbi Ephraim, aus Willstätt*
> *eingewandert."*[45]

Nur der Name eines Juden Koschel ist für einige Jahre noch in den Willstätter Gemeinderechnungen zu finden gewesen:

> *1661: Willstätter Matten Zehnt*
> *Rechnung: Koschel Jud 3 tagen 6 s*
>
> *1663: Willstätter gemeine Rechnung: Koschel Juden allhir für Eisen,*
> *so zu der Lauben gebraucht worden,*
> *bezahlt 5 s 4 d*

1673: Willstätter gemeine Rechnung: Coschel Juden allhier für sein holtztheil im Waldt bezahlt 2 s

1674: Willstätter gemeine Rechnung, Einnahme: ahn einem hagenbuchenen sack so Kostel dem Juden verkauft worden, erlöst 4 s

1686: Willstätter gemeine Rechnung, Als Mattes Saltzmann und ich in das Juden Loch geschickt worden den Zaun daselbst zuzumachen, haben wir verzehrt 2 s (Flurname in Sand: Judenplatz) – 1697: für ein Eichbaum beim Judenloh

1689: Willstätter gemeine Rechnung, Item hab ich für Habern hirtz Weyl dem Juden bezahlt, so in das französische Magazin kommen, laut zweyen Schein 170 fl (es handelte sich um einen auswärtigen Juden)

1699: Gemeine Rechnung: Einnahme: Zins von Hausplatz: Hans Adam Riebel von Kostel Juden Hausplatz 1 fl

1700: Gemeine Rechnung: Hans Jacob Miller der Metzger und Götschel Jud zahlen vor einen gemeinen Herdstier 19 fl

1700, 1701, 1704: Gemeine Rechnung: Hans Adam Riebel von Costel Juden platz 1 fl

1704: Götschel Jud, so zu Willstätt gewohnet, hat vor dieses Jahr l. manuals an Schirmgelt von Juden Bezahlen sollen 18 pf. – Die Einnahmen von krämern und Juden wegen ihrer Ware betragen: Nichts.[46]

Hans Adam Riebel zahlte auch 1712 noch seine Steuer für „von Costel Juden Platz", im darauffolgenden Jahr allerdings wurde notiert „zahlt von seinem Hausplatz", und dabei blieb es in der Folge. Der frühere jüdische Besitzer Costel war vergessen.

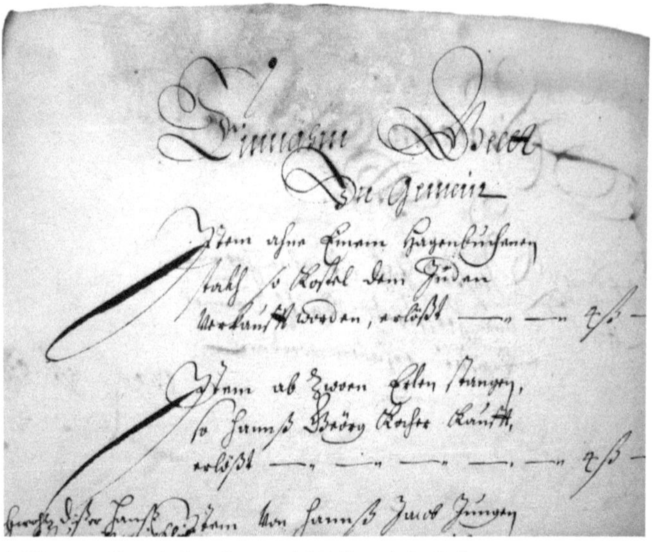

Willstätter Gemeinderechnung 1674 Kostel der Jude.

Eine Judentaufe 1724 in Willstätt

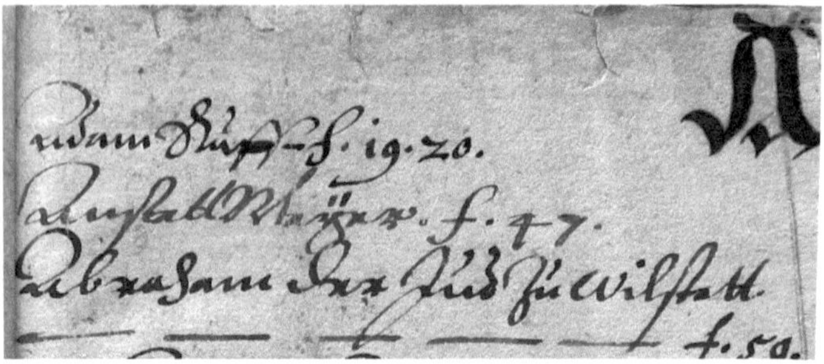

Abraham der Jud zu Wilstett. Quelle Kirchenbuch Willstät. Landeskirchliches Archiv Karlsruhe: Willstätt: Mischbuch 1652,1649, 1663–1724, Bild 183.

Warum man den Abraham Heilbrunner auf den Namen Christian getauft hat, während seine jüdischen Eltern bereits nach Karlsruhe gezogen waren, lässt sich wohl nicht mehr klären. Dem Taufeintrag im Kirchenbuch zu entnehmen ist jedenfalls die Tatsache, dass die Familie „eine lange Zeit" in Willstätt wohnhaft gewesen war, bevor sie das Angebot des badischen Markgrafen annahm, sich in der neuen Residenzstadt niederzulassen. Leider ist über diese Zeitspanne „eine lange Zeit" nichts Näheres gesagt, so dass es offenbleiben muss, ob die Familie nach der Verweisung aus Offenburg 1680 oder schon früher in Willstätt sesshaft war. Die Taufpaten stammten übrigens alle aus der gesellschaftlichen Oberschicht jener Zeit, was die Bedeutung illustriert, die eine Taufe, ein Bekenntnis zur evangelischen Gemeinschaft, hatte.

Der Taufeintrag:

> *„Den 9. Juli 1724 wurde in ungewisser zahlreicher Versammlung getauft: Infans (=Kind): Abraham, zubenamst Christian, ein gebohrner*

Jud. Parentes (=Eltern) : Löb Heilbrunner, eine lang Zeit zu Willstätt wohnend, aber nun vor Pfingsten nach Carlsruhe umgezogener Jud, und Jacobea s. frau. Susceptores (=Taufpaten): 1 Ihro freyherrliche Exzellenz Herr Baron von Berkheim Obervogt zu Willstätt, 2 Herr Landschreiber Wildermuth aus Kork, 3 Frau Regierungsräthin Rehfeldin von Buchsweiler, an deren Abwesenden statt meine Pfarrern Rühfelius ehel. Hausfrau Ehristita Salome eine geborene Saurin gestanden."[47]

Jüdischer Viehhandel im 18. und 19. Jahrhundert

Regelmäßig besuchten jüdische Viehhändler aus der Umgebung auch Willstätt. Das Gemeindearchiv Willstätt besitzt unter den historischen Protokollbüchern des 18. und 19. Jahrhunderts in Band 35 eine Sammlung von über 250 vom jeweiligen Willstätter Ratsschreiber beglaubigten und unterschriebenen Viehkäufen und -verkäufen, Viehtauschungen und Quittungen über bezahlte Viehhandelsgeschäfte.

Viehhandels Protokollbuch der Gemeinde Willstätt.

Dieser Band belegt eine dominante Stellung von jüdischen Viehhändlern des Hanauerlandes in diesem Ökonomiebereich. Sie stammten allerdings sämtlich nicht aus Willstätt, sondern aus anderen Gemeinden. Alle Vorgänge sind von den Händlern und ihren jeweiligen Handelspartnern handschriftlich bestätigt. Einer der Verkäufe wurde vom jüdischen Partner in hebräischen Lettern unterschrieben:

„Geschehen Willstätt 1. Februar 1861 vor dem Ortsvorstand erschienen heute Meier Wertheimer von Bodersweier und Jakob Stump von hier und zeigten an, dass sie folgenden Viehkauf getroffen haben, nemlich der Erstere verkauft an letzteren eine schwarze Kuh samt Kalb um die Summe von 120 fl zahlbar von heute über acht Tage, wobei Verkäufer die gesetzliche Währschaft leistet. Hierbei wird bemerkt, dass diese Kuh ein Leiden in den Füßen hat, und wenn innerhalb 8 Tagen sich das Übel vergrößern sollte, so wird der Kauf als ungültig angesehen."

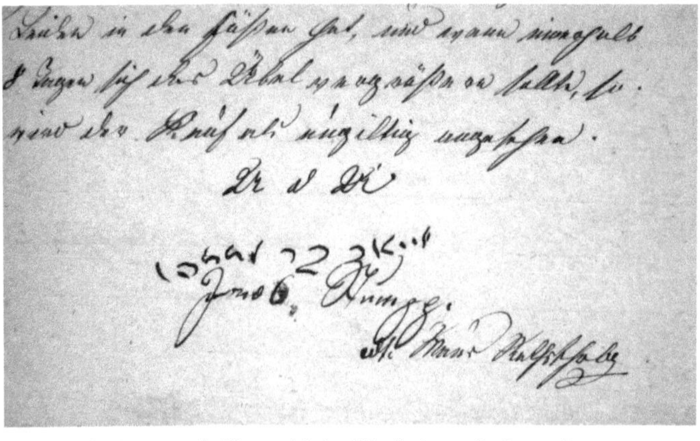

Hebräische Unterschrift von Meier Wertheimer, Bodersweier.

Weniger als 10 Prozent der Käufe und Verkäufe wurden von nichtjüdischen Händlern getätigt, alle anderen von jüdischen aus den Hanauerland-Gemeinden

Bodersweier, Rheinbischofsheim, Neufreistett und Lichtenau. Von außerhalb kamen Händler aus Diersburg (Meyer Bodenheimer), Nonnenweier (Marx Frank) und Sulzburg (Wolf Weil). Das Protokollbuch erweist die Bedeutung der jüdischen Viehhändler für die Bevölkerung des Hanauerlandes, für die sie ständige Ansprechpartner und zuverlässige Geschäftsleute waren.

Die Hanauer Viehjuden aus Bodersweier (in Klammer die Anzahl ihrer notierten Handelsgeschäfte): Zall Wertheimer (43), Leopold Bensinger (31), Samuel Wertheimer (26), Jachil Wertheimer (3), Jakob Wertheimer (6), Josef Wertheimer (13), Isidor Wertheimer (9), Jakob Bensinger (10), Salomon Wertheimer (1), Meier Wertheimer (3), Lazarus Levi (3), Lippmann Wertheimer (26), August Bensinger (28), Marx Bensinger (3).

Viehjuden aus Rheinbischofsheim: Jakob Bodenheimer (28), Marx Kahnheimer (14), Herz Kahnheimer (10), Samuel Bodenheimer (14), Simon Krauelsheimer (1), Abraham Krauelsheimer (3), Rafael Kaufmann (1), Leopold Gräuelsheimer (2), Leopold Bodenheimer (1).

Viehjuden aus Neufreistett: Simon Kahn (4), Isak Kahn (2), Samuel Hammel (3), Simon Hammel (1).

Aus Lichtenau: Samuel Kaufmann.

Weitere historische Belege

Die Volkszählung des Jahres 1867 notierte für Hesselhurst 114 Familien, davon waren 427 Personen evangelischer Konfession, acht waren Katholiken und einen Israelit.[48] Die Volkszählung von 1875 ergab für Eckartsweier 640 Protestanten, vier Katholiken und einen Israelit.[49]

In der Zeit des Nationalsozialismus lebten keine Juden in Willstätt. Jeglicher Kontakt mit ihnen, etwa in Kehl oder Bodersweier war verboten. Selbst ein Besuch beim jüdischen Kinderarzt Dr. Werner Bloch in Offenburg konnte gefährlich werden. Das Bürgermeisteramt Willstätt schrieb am 31.7.1935 an die Kreisleitung der NSDAP:

> *„In Verfolgung Ihres Schreibens habe ich heute in Gegenwart des Ortsgruppenleiters Heitz den Grundbuchbeamten Reiß Johann vorgeladen und ihn eindringlich auf die Folgen eines weiteren Verkehrs mit Juden hingewiesen. Er bestreitet einen Besuch bei dem Juden Rosenthal in Kehl, gibt aber einen Besuch mit dem Kind bei dem Kinderarzt, dem Juden Bloch in Offenburg zu. Über die Folgen ist er im Klaren."*[50]

Aktenkundig sind diese Folgen nicht geworden. Dr. Bloch, der seit 1928 als Kinderarzt in Offenburg tätig war, ist 1936 in die USA ausgewandert.

Prof. Dr. Richard Martin Willstätter (1872–1942)

Richard Willstätter. Porträt von Louis Rivier nach Fotografien aus dem letzten Lebensjahr 1942, entstanden vor 1949. Aus: Willstätter, Aus meinem Leben, Weinheim 1958, Frontispiz.

„Das deutsche Volk hat dem rohesten, räuberischsten und grausamsten Antisemitismus freies Spiel gelassen.“ (Prof. Dr. Richard Martin Willstätter, Nobelpreisträger 1915)

Jüdische Familiennamen beziehen sich häufig auf die Herkunft aus größeren und kleineren Städten, etwa Oppenheimer oder Frankfurter etc. In Karlsruhe war der Familienname Willstätter seit dem 18. Jahrhundert verbreitet. Bekannte Gestalten waren darunter, etwa Rabbiner Elias Willstätter, dessen „Predigt, gehalten bei der Säkularfeier des Geburtstages Sr. Königlichen Hoheit des Hochseligen Großherzogs Carl Friedrich v. Baden ... in der großen Synagoge zu Karlsruhe“ gedruckt wurde (Karlsruhe, 1828). Oder Benjamin Willstätter, der 1846 eine „Rede zur Feier des hohen Geburtsfestes Seiner Königlichen Hoheit des Großherzogs Leopold von Baden“ – gehalten in der Synagoge zu Karlsruhe – verfasste.

Benjamin Willstätter sprach auch zur Eröffnung der Offenburger Synagoge im Jahr 1875, seine Rede wurde von der jungen Israelitischen Gemeinde der Stadt veröffentlicht: „Predigt und Gebete bei Einweihung der neuen Synagoge in Offenburg am 24. September 1875 von B. Willstätter Oberrath in Karlsruhe. Durch den Synagogenrat zum Druck befördert. Der Reinerlös ist zum Besten der Sammlung für Errichtung eines Oken-Denkmals bestimmt. Karlsruhe Druck von Malsch & Vogel 1875.“

Weithin bekannter wurde aber der Nobelpreisträger der Chemie Richard Willstätter. Als Pionier der Erforschung organischer Naturstoffe, insbesondere des Chlorophylls, erhielt er 1915 den Nobelpreis.

Willstätter wurde am 13.8.1872 in Karlsruhe geboren, seine Vorfahren stammten aus Willstätt. Die Familie hatte den Namen Willstätter erst Mitte des 18. Jahrhunderts in Karlsruhe angenommen, als die Verordnung über das Tragen bürgerlicher Namen erfolgt war. In einer auch heute noch lesenswerten Autobiographie schilderte Willstätter seinen wissenschaftlichen Werdegang, aber auch den zunehmenden Antisemitismus in der Weimarer Republik, der ihn schließlich in der Konsequenz veranlasste, 1924 seine Professur aufzugeben. Von den Nationalsozialisten bedroht, floh er 1939 auf abenteuerlichem Wege noch in letzter Minute in die Schweiz.[51]

Aus den Lebenserinnerungen „Aus meinem Leben. Von Arbeit, Muße und Freunden“ (Verlag Chemie, 1949) geht hervor, wie heimatverbunden, wie „sich badisch fühlend“ die Vorfahren Willstätters gewesen waren, und welch große Anerkennung sie auch beim badischen Herrscherhaus genossen hatten: „Meine Vorväter waren Juden. Seit 1720 waren sie in Karlsruhe und später auch in benachbarten badischen Ortschaften ansässig. Einige Jahre nach der Gründung der neuen Residenzstadt des Markgrafen Karl Wilhelm war der Urgroßvater meines Großvaters, Rabbi Ephraim, aus Willstätt eingewandert, der alten Festung in der elsässischen Grafschaft Hanau-Lichtenberg. Es gab damals neun jüdische Familien in Karlsruhe. Zwei Jahre nachher erhielten sie Privilegienbriefe. Meine Vorfahren mögen in der Kaiserzeit mit römischen Legionen nach Germanien gekommen sein. Dies ist gewiß nicht weniger wahrscheinlich als der Stammbaum der Reichsbarone von Dalberg, der von Rasseforschern auf einen bei der Kreuzigung Christi beteiligten römischen Legionär oder aber, da es manchmal mehrere Möglichkeiten gibt, auf einen Vetter der Jungfrau Maria zurückgeführt wurde. (...)

Zu meinen Vorfahren zählten Rabbiner, Lehrer, ein Arzt. Erwerbssinn zeigte sich in der väterlichen Familie selten, Genügsamkeit und Altruismus waren ausgeprägt. (...)

Der Sohn des eingewanderten Ephraim Willstätter, Rabbi Elias W., starb in Karlsruhe 1795; er hinterließ fünf Söhne und fünf Töchter. Von seinem ältesten Sohn, meinem Urgroßvater Ephraim W., geb. 1761, gest. 1829, geben einige Aufzeichnungen seines ersten Sohnes ein lebendiges Bild, sogar ein genaueres, als mir von meinem Großvater überliefert ist; mein Vater erzählte nie von seiner Familie, wie ihm überhaupt Erinnerungen weder lebendig noch wichtig waren.

Ephraim Willstätter war etwa fünfzehn Jahre lang als Lehrer in Frankfurt a.M. tätig und genoß dort großes Ansehen; er war sehr wohltätig, hilfsbereit, genügsam und stets in heiterer Stimmung. Er mußte dann in seine Vaterstadt zurückkehren und Handel treiben, um seine vielköpfige Familie ernähren zu können. Es war damals nicht selten, daß Juden Wissenschaft und Unterricht mit kaufmännischer Tätigkeit zu verbinden hatten. Aus Ephraims erster Ehe stammte ein Sohn Elias, der ein frommer Mann und ein bedeutender Theologe wurde, aus zweiter Ehe mit der Tochter des Rabbi Juda Oppenheimer in Bruchsal stammte mein Großvater mit vielen Geschwistern, wovon acht den Vater überlebten. (...)

Drei von den Söhnen Ephraims genossen wissenschaftliche Ausbildung. In Baden, das im letzten Abschnitt der langen Regierungszeit des Markgrafen, späteren Großherzogs Karl Friedrich eine große Entwicklung nahm, wurde damals unter französischem Einfluß die rechtliche Stellung der Juden vollständig umgewandelt. Die jüdische Konfession wurde als im Lande „konstitutionsmäßig geduldet" anerkannt. Zu den jüdischen Namen, die 1809 unverändert blieben, gehörte der meines Urgroßvaters. Noch 53 Jahre dauerte es dann, bis die Regierung des Großherzogs Friedrich I. das „Gesetz über die bürgerliche Gleichstellung der Israeliten" verkündete. Und während ich diese Erinnerungen niederschrieb, ließ der Nachfolger der Zähringer, der badische Gauleiter, die Juden seines Landes ohne Frist und ohne Mittel ins Ausland deportieren, in den unbesetzten Teil von Frankreich *(Willstätter meint die Deportation der badisch-pfälzischen Juden nach Gurs am 22. Oktober 1940 unter dem Gauleiter Robert Wagner; Anm. d. Verf.). (...)*

Mein Großvater Meier (genannt Maximilian) W. wurde in Karlsruhe 1810 geboren. Er besuchte das Gymnasium. Auf vier Studienjahre in Heidelberg folgte das Staatsexamen in Karlsruhe und ein Jahr weiterer Ausbildung in München. Dann praktizierte mein Großvater als Arzt in Karlsruhe, in Graben, wo mein Vater geboren wurde, in Bretten und schließlich in Bruchsal. Mit dem aus Graben gebürtigen Internisten Adolf Kussmaul, der auch Jahrzehnte lang als Landarzt im Badischen wirkte, ehe er der berühmte Heidelberger Professor wurde, war mein Großvater befreundet. (...)

Mein Großvater war bescheiden, schlicht, gütig, aber nicht von leichter, heiterer Art. Rechnungen schrieb er nicht. Das Leben eines unermüdlich und aufopfernd tätigen Landarztes, der für eine große Familie und für arme Verwandte zu sorgen hatte, war schwer. Es gab nie die Möglichkeit einer Erholung, nie eine Erleichterung, zumal das ansehnliche Vermögen meiner Großmutter verloren gegangen war, als in Baden durch Mißernte, Teuerung und Hungersnot eine schwere Wirtschaftskrise entstand (1847), und die Karlsruher Bankhäuser Jakob Kusel und S. von Haber in den Zusammenbruch anderer Banken mitgerissen wurden.

Meine Großeltern starben vor meiner Geburt. Bei einer schweren Operation, die mein Großvater auf den dringenden Wunsch eines jüngeren Kollegen übernahm, erlitt der in Mühen und Sorgen früh gealterte Arzt einen Schlaganfall, der ihn wegraffte (1872).

Aus jener Generation erinnere ich mich an drei Brüder des Großvaters, aufrechte, patriarchalische, wenn auch kleinbürgerliche Erscheinungen, früh gealterte Männer mit dichtem Silberhaar. Lebhaft steht mir der jüngste Großonkel vor Augen, Benjamin, der 52 Jahre im Dienste der badischen Landessynode stand, seit 1842 einstweilig, 1847 endgültig als Bezirks- und Ortsrabbiner, bis er 1875 theologisches Mitglied des israelitischen Oberrates wurde. Er war ein fortschrittlich gesinnter Geistlicher und daher einflußreichen orthodoxen Kreisen nicht genehm. Aber er war durch seine rednerische Begabung dem Landesfürsten aufgefallen, und er verdankte in der Tat sein Amt dem persönlichen Eingreifen des Großherzogs Leopold. Ich kannte in meiner Kindheit den Onkel Oberrat gut und auch seine Familie; der langjährige badische Finanzminister Ellstätter war sein Schwager. Mein Onkel war ein schlichter, zurückhaltender Mann von würdiger Haltung, schon damals mit schneeweißem Haar und Bart. Als ich, ein junger Doktor, ihn nach Jahren wieder besuchte, erschien er mir wenig verändert. Er war eben erst in den Ruhestand getreten und freute sich über eine großherzogliche Auszeichnung. Wirklich, er freute sich in seinen paar letzten Lebenstagen über einen Orden!

Von fünf Kindern meiner Großeltern war mein Vater Max W. das älteste (geb. 1840, gest. 1912). Nach seiner Lehrzeit in der Tuchhandlung, die ein Oheim am Marktplatz in Karlsruhe um 1830 gegründet hatte, ging er nach England und war einige Jahre in Nottingham in Stellung; geschäftliche Reisen führten ihn auch in die skandinavischen Länder. Die Familie verlangte seine Rückkehr, da mein Großonkel sein Geschäft an meinen Vater und zwei andere Neffen abgeben wollte. Im Jahre 1870 heiratete mein Vater die um neun Jahre jüngere Tochter Sophie des wohlhabenden Tuchgroßhändlers Moritz Ulmann in Fürth i.B. Im ersten Jahre der Ehe brach während des Deutsch-Französischen Krieges in Baden eine Pockenepidemie aus; mein Vater, der versäumt hatte, sich impfen zu lassen, erkrankte, und meine Mutter nahm dieses Unglück, da es sich mit Vorsicht hätte vermeiden lassen, nicht nur vorübergehend schwer.

Mein Vater war ein stattlicher Mann, von großem Wuchs und guter Haltung, lebhaften und liebenswürdigen Wesens. Es ist ein deutlicher Eindruck aus meinen Kinderjahren, daß für meinen Vater sein Kreis in Karlsruhe zu eng war, daß die geschäftliche

Bindung an wenig begabte, schwerfällige Vettern sich drückend gestaltete, daß die Tuchhandlung, gut gehend wie sie war, doch für den Unterhalt von drei Familien nur auf knappe Art ausreichen konnte. So reifte in meinem Vater der Entschluß, aus der Karlsruher Enge nochmals in die Welt hinauszugehen und größeren Erfolg zu suchen. Brüder meiner Mutter, hervorragende junge Kaufleute, hatten durch Gründung einer Weltfirma in New York, eines Textlienimporthauses, das Beispiel gegeben. Meine Eltern stimmten darin überein, daß die deutsche Ausbildung ihrer Kinder nicht gestört werden durfte. Mein Vater schiffte sich also im März 1883 nach den Vereinigten Staaten ein, und meine Mutter übersiedelte mit meinem um ein reichliches Jahr älteren Bruder Alfred und mir in die Nähe ihres Vaters, nämlich nach Nürnberg, wo ihre beiden Schwestern verheiratet waren. Es war eine Trennung, die wohl auf ein Jahr oder vielleicht ein paar Jahre berechnet war, bis der sicher erwartete Erfolg die Wiedervereinigung meiner Eltern ermöglichen sollte. Das verheißende Beispiel der Schwäger sollte trügen. Es fehlte meinem Vater an Kapital und Kredit. Aus den paar Jahren wurden siebzehn Jahre, schwere für meinen Vater, lange Jahre für meine Mutter, bis mein Vater, ein unternehmender, tüchtiger und unermüdlich fleißiger Kaufmann, aus seiner Firma in New York, einer Kleiderfabrik, so viel Vermögen ziehen konnte, als er sich vorgenommen hatte, und als dem Sechzigjährigen zum Privatisieren nötig schien. Mein Bruder war mit Rücksicht auf den Vater im Jahre 1889 nach New York ausgewandert, ich hatte als Privatdozent eine Junggesellenwohnung in München. So zogen meine Eltern im Herbst 1900 nach München, und ich trat wieder in ihren Hausstand ein, wenigstens für die Jahre bis zu meiner Heirat.

(Nach der Kinderzeit in Karlsruhe und der Gymnasialzeit in Nürnberg folgten für Richard Willstätter Studienjahre in München, die in eine beachtliche akademische Laufbahn als Chemiker mündeten, schließlich eine erste Professur in Zürich, dann 1911 die Berufung nach Berlin an das neu eingerichtete Kaiser-Wilhelm-Institut für physikalische Chemie und Elektrochemie. 1916 erhielt Willstätter eine Professur in München. In Berlin war Willstätter die Konstruktion einer Gasschutzmaske gelungen, die vielen Soldaten im Ersten Weltkrieg das Leben rettete. Das Kriegsministerium bestätigte ihm: „Berlin 13.2.1917. Aus einer Übersicht der im Heere in den letzten 12 Monaten zugeführten Masken und Einsätze entnehme ich, daß rund 30 000 000 Drei-Schichten-Einsätze zur Verwendung gelangt sind. Die Berichte der Truppe sind dauernd günstig gewesen. Der Drei-Schichten-Einsatz (...) hat sich danach als eine höchst wichtige Abwehrwaffe bewährt." Willstätter heiratete 1903 Sophie Leser, die allerdings bereits 1908 starb und ihn mit zwei Kindern zurückließ; Anm. d. Verf.)

Während ich im November 1915 noch einmal mit der Prüfung des Atemeinsatzes gegen Phosgen beschäftigt war, überraschte mich der Telephonanruf einer Berliner Zeitung mit der Nachricht vom Nobelpreis, den mir die Schwedische Akademie für die Untersuchungen über Pflanzenfarbstoffe, besonders Chlorophyll, zuerkannte. Als ich vor einem Jahr (1939) meine Heimat verlassen mußte, blieb die Nobelmedaille zurück, aber ich kann noch einmal das Diplom betrachten.

Im Sommer 1924 trat mein alter Lehrer und verehrter Kollege Paul von Groth von seiner Professur zurück. (...) Für Groth gab es, wie er uns schon viele Jahre zuvor erklärt hatte, nur einen erwünschten und geeigneten Nachfolger, Victor M. Goldschmidt in Oslo. (...) Der Berufung Goldschmidts opponierte Prof. Wien, wenn auch nicht vor der Fakultät, so doch bei den meisten Kollegen. (...) War die Fakultät mit großer Majorität abgeneigt, den allein empfohlenen berühmten Gelehrten auf die Berufungsliste zu setzen, so war es, weil sie nicht einen Gelehrten von vermutetermaßen jüdischer (oder wohl teilweise jüdischer, ich weiß nichts darüber) Abstammung in ihrer Mitte haben wollte. Am Abend nach dieser Abstimmung erklärte ich meinen Rücktritt. Meine Entscheidung war, auch in wichtigen Fragen, immer rasch getroffen, in einem Augenblick des Zusammenfassens von Empfinden und Urteil. In den Tagen, in denen mein Rücktrittsentschluß irgendwie den Weg in die Tagespresse fand, empfing ich auswärtige Berufungen, aber ich zog keine in Erwägung, da ich aus der Angelegenheit nicht eine Sache der Karriere oder des Stellentausches machen wollte. Auch erhielt ich Telegramme der Universität Heidelberg, die mir den Lehrstuhl Curtius anboten. Die Heidelberger Studentenschaft war, wenigstens teilweise, anderen Sinnes. Ich hatte schon abgelehnt, als haufenweise Schmäh- und Drohbriefe eintrafen. Aktive eines Korps schrieben auf einer Postkarte: ‚Knoblauch brauchen nicht mitzubringen, da schon damit reichlich versorgt sind!'

Glaube und Bekenntnis waren nach meiner Überzeugung private Angelegenheit, nicht Angelegenheit des Staates, unter keinen Umständen eine Vorteilsfrage. Der Übertritt zum Christentum kam für mich nie in Betracht, da mit ihm bedeutende Vorteile verknüpft waren, während das Verharren im Judentum nur bürgerliche Nachteile mit sich brachte. Man muß auf die Zulassung zum Christentum verzichten ‚weil sie mit Belohnung verbunden ist'. Das neue Deutsche Reich schuf ein totales Programm der Judenverfolgung, das bis zu den letzten Folgen durchgeführt worden ist. (...) In seiner Münchner Rede vom 8.11.1940 gegen England griff Hitler unter dem tosenden Beifall der Tausende vor allem wieder die ‚satanische Macht' des Judentums an: ‚Sie wissen, daß ich immer die Auffassung vertreten habe, daß es ein dümmeres Volk als das jüdische Volk nicht gibt ...'. Laotse sagt: ‚Sei böse, und die Welt hört Dir zu!'

Das deutsche Volk hat dem rohesten, räuberischsten und grausamsten Antisemitismus freies Spiel gelassen, dessen Voraussetzung die Zustimmung und die Duldung von Tausenden Vorteilssuchender und von Millionen Schwacher und Feiger gewesen ist. In der Schwäche standen von Anbeginn die Universitäten und gelehrten Gesellschaften voran. Bedenken gegen die Unterdrückung der freien Meinungsäußerung und des Individualismus wurden nicht laut.

Am Nachmittag des 10. November (1938) erschien bei mir, nämlich bei Elise *(Willstätters Haushälterin; Anm. d. Verf.)*, die ihnen keinen angenehmen Empfang bereitete, eine Anzahl von Beamten der Geheimen Staatspolizei, um mich nach Dachau abzuholen. Die beiden Gartentore wurden besetzt. Ich war eben im Garten, aber auf der Südseite bei den schon erfrierenden letzten Rosen, indessen lag auf dem Schreibtisch ein Brief, dessen Schrift noch feucht war, und der Fünfuhrtee war gedeckt, zu dem ich einen Freund erwartet. Alles wurde durchsucht, doch befand ich mich in keinem Kleiderschrank, unter keinem Bett. Mit der Zusicherung, wiederzukommen, verabschiedeten sich die Beamten. An den folgenden drei Morgen saß ich von 5 1/2 Uhr an fröstelnd, aber empfangsbereit an meinem Schreibtisch, aber man kam nicht, man hatte genug. Ich mußte auswandern und für den Abschluß meines Lebens eine Zuflucht suchen. (...) Und nun begann auf Monate hinaus, worauf ich gar nicht vorbereitet war, das tägliche Laufen zu den vielen beteiligten Behörden, das Anstehen vor den städtischen und staatlichen Kassen, Zollfahndungsstelle, Devisenstelle und Devisenüberwachungsstelle, fast täglich stundenlanges Warten auf den Korridoren, Demütigung vor überheblichen Unterbeamten.

Beim Warten auf die amerikanischen Dokumente und bei den Zweifeln, ob sie überhaupt kämen, verbrauchte sich meine Geduld. So kam es, daß ich alter Mann eine verhängnisvolle Torheit beging. Ich fuhr an den Bodensee in eine nahe der Grenze gelegene Stadt, um zu sehen, ob es ginge, ohne Paß und Gepäck das Land zu verlassen. Es war regnerisch und stürmisch. Stundenlang lief ich allein herum, schließlich durchnäßt und müde. Dann wollte ich eine Gaststätte oder einen Gasthof zum Übernachten aufsuchen, aber ich stieß überall auf das Plakat: ‚Juden ist der Eintritt strengstens verboten!' Darauf machte ich den Versuch, im Ruderboot über die Grenze zu gelangen. Er schlug fehl. Es gab Verhöre von vielen Stunden. Aber todmüde bestand ich um Mitternacht die letzte Stunde. Der herbeigeholte hohe Beamte der Geheimen Staatspolizei war gerecht und mehr, einsichtsvoll, menschlich, wohlmeinend. Er hörte und verstand. Ich wurde festgehalten, nicht verhaftet. Nach zwei Tagen, als die Bestätigung meiner Eingaben eintraf, konnte ich das Gefängnis verlassen und frei nach München zurückkehren. (...) Nach weiteren zwölf schwierigen Tagen bekam ich meinen Paß und mit Prof. Stolls freundlicher Hilfe das Visum für die Schweiz. Ich verließ meine geliebte deutsche Heimat, die mir alles gewesen und gegeben, und fand als Emigrant ‚tolleranza per riposo' zu Muralto – Locarno, Villa Eremitaggio."

(Nachwort des Herausgebers Arthur Stoll, Basel: Der vorangehende Text der Lebenserinnerungen Professor Willstätters entspricht wörtlich seinen Aufzeichnungen, wie er sie bei seinem Hinscheiden am 3.8.1942 hinterlassen hat. (...) Als Prof. Willstätter am 4.3.1939 abends von

Schweizer Freunden am Zuge abgeholt, ohne Zoll- und Paßschwierigkeiten die Schweizer Grenze bei Basel überschritten hatte, waren seine ersten Worte „Ich höre, daß viele, die in letzter Zeit, nach Überwindung mancher Ängste und Gefahren Deutschland verlassen konnten, jenseits der Grenze vor Freude den Hut schwenkten; ich möchte weinen!")

Literatur

Ruch, Martin: „Isac, Abram und Jacob" – Quellen zur Geschichte der Offenburger Juden. Norderstedt 2015.

Ders.: Geschichte der Offenburger Juden. Jiskor: Erinnere Dich. Norderstedt 2011.

Stude, Jürgen/Rottenecker, Bernd/Petri, Dieter: Jüdisches Leben in der Ortenau. Hrsg. vom Förderverein Ehemalige Synagoge Kippenheim e. V. Bühl 2018.

Anmerkungen

1 Germania Judaica, Bd. II, von 1238 bis zur Mitte des 14. Jahrhunderts. Hg. von Zvi Avneri. Tübingen 1968.
2 Hundsnurscher, Franz/Taddey, Gerhard: Die jüdischen Gemeinden in Baden. Denkmale, Geschichte, Schicksale. Hg. von der Archivdirektion Stuttgart. Stuttgart 1968.
3 Beinert, Johannes: Geschichte des badischen Hanauerlandes unter besonderer Berücksichtigung Kehls. Kehl 1909.
4 Schadt, Wilhelm: Geschichte von Willstätt. Verkehrsverein Kehl-Hanauerland, o.J. (ca. 1970).
5 Hetzel, Alfred: Willstätt im Wandel der Zeit. Willstätt 2003.
6 Rosenthal, Berthold: Heimatgeschichte der badischen Juden. Bühl 1927, S. 132.
7 Eyer, Fritz: Das Territorium der Herren von Lichtenberg 1202–1480. Untersuchungen über den Besitz, die Herrschaft und die Hausmachtpolitik eines oberrheinischen Herrengeschlechts. Straßburg 1938, S. 229.
8 www.alemannia-judaica.de; Abruf vom 03.01.2020.
9 www.alemannia-judaica.de; Abruf vom 29.01.2020; Hirschberg, Gerd: Die jüdischen Gemeinden Neufreistett und Rheinbischofsheim. Ein Erinnerungs- und Materialbuch. Hg. von der Stadt Rheinau, 2015, 316 S.
10 www.alemannia-judaica.de; Abruf 14.02.2020.
11 Haarscher, Andre-Marc: Zur Berufstätigkeit der Juden in der ehemaligen Grafschaft Hanau-Lichtenberg im 17./18. Jahrhundert. In: Die Ortenau, 1997, S. 295–310, hier S. 298.
12 Haarscher, S. 302.
13 Haarscher, S. 303.

14 ebd.
15 RP 4.3.1616, 84r.
16 RP 25.6.1618, 348r.
17 RP 2.7.1618, 351v.
18 RP 27.7.1618, 355r.
19 RP 3.8.1618, 359v.
20 RP 5.9.1618, 367v.
21 RP 1.10.1618, 370v.
22 RP 20.10.1618, 374r.
23 RP 3.12.1618, 287.
24 Kähni, Otto: Geschichte der Offenburger Judengemeinde. In: Die Ortenau, 1969, S. 7.
25 Ebd.
26 Contractenprotokoll (=CP) 1625, 26v.
27 CP 1625, 59.
28 CP 1626, fol. 46 r,v.
29 CP 1626, 108.
30 CP 1626, 116.
31 CP 20.7.1627, 170.
32 CP 1631, fol. 35.
33 Gemeindearchiv Willstätt: Gemeine Stuck Rechnung 1630 und 1631.
34 Lauppe, Ludwig: Graf Johann Reinhard I. von Hanau und die Willstätter Münze. In: Die Ortenau, 1963, S. 149ff., hier S. 160.
35 RP 1634, 35r.
36 RP 1634, 37v.
37 RP 1634, 58r.
38 RP 5.11.1636.
39 RP 26.6.1637.
40 RP 27.6.1637.
41 CP 1637 fol. 356 v.
42 Willstätter Gemeinderechnung 1648/49, S. 40.
43 Ruch, Martin: „Isac, Abram und Jacob“ – Quellen zur Geschichte der Offenburger Juden. Norderstedt 2015, 120 S.
44 RP 14.7.1656, 451.
45 Richard Willstätter, Aus meinem Leben. Weinheim 1949, S. 5.
46 Willstätter Gefällbuch 1704, in: Die Ortenau 37, 1957, S. 212.

47 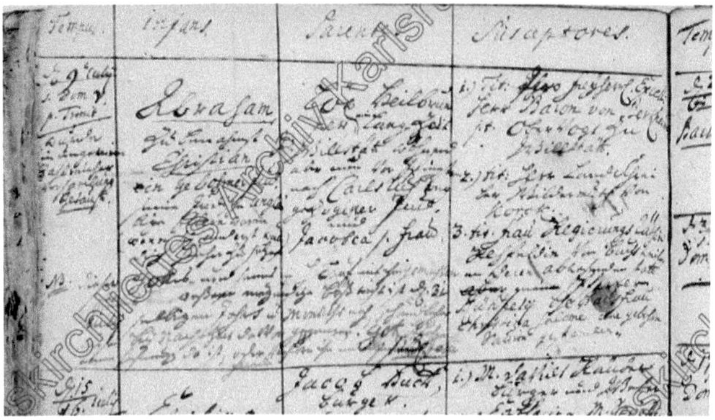

48 Beiträge zur Statistik der inneren Verwaltung des Grhz. Baden. Generallandesarchiv Karlsruhe.

49 Schlenz, Patrick/Bickel, Dietmar: Hesselhurst, ein Dorf im Badischen Hanauerland, Hesselhurst 2008, S. 102.

50 Hetzel, Alfred: Willstätt im Wandel der Zeit. Willstätt 2003, S. 104–105.

51 Willstätter, Richard: Aus meinem Leben. Weinheim 1949.

Martin Ruch

Geschichte der Offenburger Juden

Jiskor: Erinnere Dich!

Offenburg 2011

Seit dem 14. Jahrhundert ist die jüdische Gemeinde in der Stadt Offenburg nachweisbar. Eindrucksvoll schildert der Autor das Schicksal dieser Bevölkerungsgruppe, die immer wieder verfolgt und vertrieben wurde.

Geschichte der Offenburger Juden – Jiskor: Erinnere Dich!
Martin Ruch
Erschienen 2011
368 Seiten
Books on Demand
ISBN 9783839167175